中国西部城市数字金融发展研究

（2023）

■ 主编 何青 张小成

中国金融出版社

责任编辑：谢晓敏
责任校对：孙　蕊
责任印制：陈晓川

图书在版编目（CIP）数据

中国西部城市数字金融发展研究 . 2023 / 何青，张小成主编 . —— 北京：中国金融出版社，2025.2. —— ISBN 978 – 7 – 5220 – 2639 – 8

Ⅰ. F299.27 – 39

中国国家版本馆 CIP 数据核字第 2025DA8486 号

中国西部城市数字金融发展研究（2023）
ZHONGGUO XIBU CHENGSHI SHUZI JINRONG FAZHAN YANJIU（2023）

出版	中国金融出版社
发行	
社址	北京市丰台区益泽路 2 号
市场开发部	（010）66024766，63805472，63439533（传真）
网 上 书 店	www.cfph.cn
	（010）66024766，63372837（传真）
读者服务部	（010）66070833，62568380
邮编	100071
经销	新华书店
印刷	涿州市殷润文化传播有限公司
尺寸	185 毫米 × 260 毫米
印张	7.25
字数	113 千
版次	2025 年 2 月第 1 版
印次	2025 年 2 月第 1 次印刷
定价	39.00 元
ISBN 978 – 7 – 5220 – 2639 – 8	

如出现印装错误本社负责调换　联系电话（010）63263947

编委名单

主　编　何　青　张小成

编　委　苏显方　马新松　易　晶　孙梓津

　　　　　何　键　赵亚超　先钰巍　吕明峰

　　　　　袁帅强　郝晓婧

中国西部城市数字金融发展研究（2023）

[目 录]

第一章 前言 / 1

第二章 西部城市数字金融指数结构分析 / 8
　第一节 一级指数概况 / 8
　第二节 二级指数概况 / 14
　　一、数字化基础设施建设指数 / 14
　　二、政府数字化服务能力指数 / 18
　　三、数字化人才资源储能指数 / 20
　　四、传统金融机构数字化服务指数 / 22
　　五、金融科技企业服务水平指数 / 24
　　六、政府运用数字工具进行治理指数 / 26
　　七、数字金融风险指数 / 27
　　八、数字经济发展指数 / 30
　　九、传统金融发展水平指数 / 32

第三章 全国数字金融发展情况分析 / 35
　第一节 中部、东部、西部发展对比 / 35
　　一、东部地区 / 36

二、中部地区 / 37

三、西部地区 / 38

第二节 案例分析 / 39

一、北京：全面服务金融业数字化转型，多场景建设数字金融新高地 / 39

二、上海：数字金融助力建设"数字之城" / 47

三、杭州：发挥数字优势，引领数字金融发展潮流 / 54

四、重庆：多部门联合行动，助力数字金融全面均衡发展 / 61

五、成都：强化政策引领，全方位拓展数字金融应用场景 / 70

六、贵阳：突出大数据性能，以数据引领城市数字金融发展 / 79

七、昆明：坚持三位一体，打造面向南亚、东南亚的金融发展核心支点 / 88

第四章 西部地区数字金融发展政策建议 / 95

一、推动数字化发展，强化数字金融发展基础 / 95

二、加强数字金融人才储备，引领数字金融发展未来 / 96

三、加强数字金融监管，防范化解数字金融风险 / 97

四、优化数字金融发展环境，鼓励科技赋能金融发展 / 98

五、明确数字金融普惠性特征，推动发展数字普惠金融 / 100

附录 / 102

一、编制方法 / 102

二、数据来源 / 104

三、指标权重 / 107

第一章 前 言

近年来,全球范围内掀起科技创新浪潮,世界正在进入以信息产业为主导的经济发展时期,数字经济迎来了快速发展的新阶段。习近平总书记指出,数字经济发展速度之快、辐射范围之广、影响程度之深前所未有,正在成为重组全球要素资源、重塑全球经济结构、改变全球竞争格局的关键力量[①]。金融作为经济活动的必要组成部分,同样受益于技术进步。作为数字技术在金融行业的实践产物,数字金融逐渐成为推动经济发展的重要力量。具体而言,数字金融是指在传统金融的基础上,以数字化基础设施建设与数字化人才培养为依托,政府、金融机构以及科技企业多方主体共同参与,利用数字工具和互联网平台进行融资借贷、金融治理、风险监管等金融业务的方式。数字金融是金融与科技融合的高级发展阶段,是金融创新和金融科技的发展方向。相较于传统金融,数字金融在促进金融包容性、推动经济增长、提升金融服务效率和降低金融风险等方面有着重要贡献,它的发展已经成为全球金融行业的重要趋势,对于实现可持续发展和提升金融体系的稳定性具有重要意义。

随着全球科技产业与金融业的融合加深,数字金融的创新和应用不断涌现,在数字货币、电子银行、移动支付等金融服务领域掀起了巨大波澜。为了优化央行货币支付功能,提高央行货币地位和货币政策有效性,全球已有11个国家推出了中央银行数字货币(CBDC),87个国家(占全球GDP的90%以上)正在探索CBDC;后疫情时代,全球银行业的数字化浪潮来势汹涌,以数字银行为代表的新型银行业机构也越发活跃。《全球数字银行研究报告2022》显示,2020年全球数字银行达到256家,较

---

① 推动我国数字经济健康发展 习近平作出最新部署[EB/OL]. [2021-10-20]. http://www.xinhuanet.com/politics/leaders/2021-10/20/c_1127975334.htm.

2018年（60家）增长超过3倍，市场规模为347.7亿美元，预计到2028年将达到7226亿美元；得益于移动支付的便利性，截至2022年全球移动支付用户已经超过了16亿，每天通过移动支付的交易额已经达到了近345亿美元[①]。数字金融通过提供更加便捷、高效、安全的金融服务，推动金融业的创新和发展，提升金融服务的普惠性和可获得性。总体而言，得益于数字金融带来的诸多好处，全球数字金融发展非常活跃，将持续推动金融行业的转型和升级。

2019年以来，我国数字金融行业稳步发展，金融科技赋能数字金融取得新成效，我国数字金融的框架和体系逐渐清晰。中国人民银行印发的《金融科技发展规划（2022—2025年）》，提出新时期金融科技发展指导意见，明确了金融数字化转型的总体思路、发展目标、重点任务和实施保障。在数字金融发展的现行阶段，我国重点关注产业数字金融和数字普惠金融。2022年1月发布的《"十四五"数字经济发展规划》明确提出，要大力推进产业数字化和金融数字化。2022年1月发布的《关于银行业保险业数字化转型的指导意见》更明确地提出要积极发展产业数字金融。2023年10月国务院发布的《关于推进普惠金融高质量发展的实施意见》指出要提升资本市场服务普惠金融效能，有序推进数字普惠金融发展。此外，数字金融和绿色金融融合创新趋势越发明显，一些地方政府已通过数字金融手段，运用全程无人工干预的数据闭环取得真实可靠的企业环境表现数据，建立企业环境信息及数据共享平台。总之，我国高度重视金融与科技融合发展，并且已经取得了一定的成果。

数字金融的快速发展，迅速引发了地方城市的热情。许多城市从政策支持、资金引导和创新环境等方面给予数字金融极大的发展空间，包括提供高素质的人才、加强产学研合作、建设数字金融创新实验室等。例如，北京市建立了金融科技应用场景发布机制，鼓励持牌机构开放金融场景需求，支持科技领军企业踊跃对接；杭州以解决"融资难""融资贵"问题为抓手，不断完善"杭州e融"金融综合服务平台，截至2022年底，该平台累计入驻企业22万家，成功实现融资对接超10万笔，撮合融资超2800亿元[②]；贵阳依靠其经济、人才和数字基础，着重发展大数据产业，并倡导跨界融合，以此推动贵阳数字金融蓬勃发展……这些举措共同促进了数字金融的发展，推

---

① GSM association. The State of the Industry Report on Mobile Money 2023 [J/OL]. [2023]. www.gsma.com/sotir.

② 地市级平台第一！"杭州e融"获评全国性示范平台 [N]. 杭州日报，2023-01-23.

动了传统金融行业向数字化转型，传统金融服务的效率相应提升。

然而，我国数字金融的发展还存在一些问题。首先，地方资源有限，各地无差异地发展数字金融会在一定程度上造成资源浪费，不同城市的经济发展基础不同，其数字金融发展的侧重点也应有所差异。其次，数字金融的发展具有空间集聚性。东部沿海地区数字普惠金融发展水平高，其周边城市的数字普惠金融发展水平也偏高。但是中西部城市及其周边城市数字普惠金融发展水平都偏低。最后，数字金融具有明显的风险特性。数字金融是新兴技术与金融业深度融合发展的产物，其新兴技术更是加剧了金融风险效应，使得金融风险的传播效应、关联效应、放大效应更为显著，我国数字金融的快速发展对金融监管提出了新的要求。

数字金融的发展是一把"双刃剑"，如何发挥数字金融的优势成为问题的关键。为推动数字金融的持续健康发展，准确评价各地数字金融发展现状十分重要：第一，有利于各城市了解自身数字金融发展的现状，结合自身优势因地制宜地推动数字金融发展，提升资源的使用效率。通过了解数字金融发展的现状，各城市可以评估自身的发展水平和潜力，确定发展方向和目标。同时，各城市还可以制定因地制宜的发展策略，充分利用本地的资源和特点，推动数字金融发展，这样做可以提高资源的使用效率，避免资源的浪费和重复建设。第二，有利于促进各城市相互借鉴，总结先进经验共同推进数字金融的发展，缩小地区差距。通过了解其他城市的数字金融发展情况，各城市可以学习借鉴其他城市的成功经验，了解行之有效的做法和策略。这可以帮助各城市在数字金融领域取得更好的成果，加快数字金融发展的步伐。第三，有利于发现在数字金融发展过程中的不足，及时进行优化和完善，降低金融风险发生的概率。通过了解自身数字金融发展的现状，各城市可以发现在数字金融发展过程中存在的问题和不足。这些问题可能包括安全性、监管机制、技术支持等。通过及时发现和意识到这些问题，各城市可以采取相应的措施进行优化和完善。

本书主要聚焦于我国西部地区数字金融发展水平，理由如下。

从经济层面来讲，相比于东中部而言，西部地区经济欠发达，金融服务水平较低，聚焦西部地区的数字金融发展，有助于推动西部地区经济的发展，缩小地区间的发展差距。数字金融的进一步发展带来了便捷高效的金融服务，能够降低融资成本，缓解企业融资难题，是促进西部地区经济发展重要手段。关注数字金融在西部的发展有利于为当地带来更加便捷、高效、安全的金融服务，促进当地企业的发展和创新，提高经济的竞争力和活力，为当地经济发展和产业升级提供支持，推动西部地区经济高质量发展，进而缩小区域的经济发展差距。

从市场层面来讲，西部地区数字金融的发展相对较晚，在充分吸取东中部地区数字金融发展经验的基础上，其具有广阔的市场潜力和发展空间，并且能够为数字金融的技术创新提供新机遇。随着西部地区经济的快速增长和城市化进程的推进，居民对数字金融服务的需求也在不断增加。因此，聚焦西部地区数字金融发展，有助于挖掘西部地区对数字金融的市场需求，从而推动数字经济的发展。数字金融服务供应商和金融机构可以结合当地的实际情况和需求，开发出更加符合当地特点的金融产品和服务。

从资源层面来讲，相比于东部地区，西部地区的经济资源较为匮乏，经济增长动力不足，地区金融发展受限，如何充分利用有限资源发展数字金融，激发金融市场活力成为问题的关键。西部地区面临的资源紧缺问题较为突出，且大部分都是由自然环境造成的，无法依靠人为力量进行改变。聚焦西部地区的数字金融发展，有利于明晰西部地区金融数字化转型的痛点所在，精准找到数字金融发展的目标和方向，防止社会资源浪费，提高资源的利用效率。

从政策层面来讲，为顺应中国特色社会主义进入新时代、区域协调发展进入新阶段的新要求，以推进数字金融发展为契机，强化举措推动西部大开发形成新格局，进而实现共同富裕，是新时代西部地区发展的必由之路。传统经济动能受到地理区位和要素禀赋的制约，西部大开发的效力难以推动西部区域经济实现跨越式发展。而数字金融在打破空间限制、引导生产要素充分流动等方面具有得天独厚的条件，并能形成强大的数字经济发展新动能，使得各区域在发展中重新站到相对统一的起跑线上，这是西部大开发进入新格局的重要一环。

西部地区数字金融城市竞争力指数从数字金融发展基础、数字金融发展水平、数字金融发展成效三个方面出发，得到了包括数字化基础设施建设指数、政府数字化服务能力指数、数字化人才资源储能指数、传统金融机构数字化服务指数、金融科技企业服务水平指数、政府运用数字工具进行治理指数、数字经济发展指数及数字金融风险指数在内的六个三级指数，用更全面的视角量化西部各城市数字金融发展现状。此外，为了进一步对比分析不同地区的数字金融发展差异，以提出更为具体的政策建议，本书还计算了中东部地区的数字金融城市竞争力指数。我们评价的对象包括全国297

个地级市，其中西部、中部及东部各为119个、69个和109个地级市。最后，通过梳理重点城市的数字金融发展案例，本书试图探索城市数字金融发展的先进经验。本书的结论可以为全国各城市提高数字金融竞争力提供理论参考和经验借鉴，具有重要的理论和现实意义。

通过本书的分析，为进一步推动数字金融的发展，提升西部城市的数字金融竞争力，我们认为应该在如下几个方面继续努力。

一是推动数字化发展，强化数字金融发展基础。数字基础设施是以数据创新为驱动、通信网络为基础、数据算力设施为核心的基础设施体系。推动西部地区数字化发展，要进一步强调基础设施在数字金融发展中的作用。具体而言，要加强数字基础设施建设。扩大西部地区尤其是西北部地区通信网络覆盖面积，提高5G网络覆盖广度。大力推动数字经济发展，加快社会数字化转型。要推动数字产业化、产业数字化和消费数字化一体化发展。以数字产业化为牵引，大力突破关键的数字核心技术，做大做强优势产业，培育壮大数字经济核心产业。利用现代数字信息技术、先进互联网和人工智能技术对传统产业进行全方位、全角度、全链条改造，使数字技术与实体经济各行各业深度融合发展。此外，应推动消费数字化转型。一方面，要加快数字消费供给升级，积极推动各类平台企业面向中小企业和初创企业开发各种数字应用；另一方面，要促进数字消费需求升级，创新数字消费新模式，推动数字技术创新。西部各地区应根据本地区技术优势，选择性推动算力、模型、数据等关键要素创新突破。以数字技术与各领域融合应用为导向，优化创新成果快速转化机制，打造安全可靠、系统完备的产业发展生态，促进技术迭代升级。

二是加强数字金融人才储备，引领数字金融发展未来。针对当前西部地区数字金融发展现状，推动数字金融的发展，需要加强数字金融人才储备，可以从人才培育、引进、政策扶持和发展规划等方面入手。具体而言，政府、高校和企业都应该重视数字金融人才的培育，加大数字金融相关人才培养力度，加强领军人才和创新团队的培养和建设，加快形成数字金融人才队伍"一号方阵"。尊重人才流动规律，把握人才竞争新形势，推动数字金融人才引进计划。加强源头引进，打破人才流动障碍。鼓励吸纳国际数字金融发展的先进人才，构建数字金融国际合作网络。注重完善数字金融人才扶持政策，鼓励落实领军人才梯队、科研条件、管理机制等扶持政策。针对数字金融人才收入差距较大的情况，推动建立多层次社会保障体系，推进社会保险从制度全覆盖到人员全覆盖。西部地区各省市在人才政策制定过程中需要全面考虑相关影响因素，在人才战略框架下明确数字金融发展需要的人才方向，制订数字金融人才发展规划。

三是加强数字金融监管，防范化解数字金融风险。数字金融打破了传统的金融业态，推动技术创新、金融创新与数字创新的融合发展，但也可能引发监管真空、监管套利等问题。具体而言，要把握好数字金融与金融监管的关系，在数字金融发展的同时，利用知识图谱、区块链等技术强化数字监管，降低相关风险的发生率；要将数字金融全面纳入监管，坚持审慎监管。规范数字金融服务平台发展，加强反垄断和反不正当竞争，依法规范和引导资本健康发展。提升数字金融监管能力，建立健全风险监测、防范和处置机制，严肃查处非法处理公民信息等违法犯罪活动。政府要发挥宏观审慎职能，坚持适度发展、质效并重的原则，防止新兴产业规模无限制扩张，以杜绝新的产能过剩隐患；优化数字金融监管体系，加强司法遏制数字金融风险。依法将各类金融活动全部纳入监管，坚决取缔非法数字金融平台，严肃查处非法数字金融业务及产品，严厉打击以普惠金融名义开展的违法犯罪活动，切实维护金融市场秩序。健全非法金融活动监测预警体系，提高早防早治、精准处置能力，建立健全数字金融风险预警响应机制。加快各级金融机构和数字金融平台风险预警机制改革，坚持早识别、早预警、早发现、早处置。

四是优化数字金融发展环境，鼓励科技赋能金融发展。构建良好的数字金融环境有利于促进数字金融的进一步发展，这也是西部地区强化数字金融竞争力的关键。具体而言，要构建和完善数字金融的生态体系，促进经济高质量增长。政府应加强顶层设计，进一步制订适合本地区实际情况的数字金融发展战略规划，明确数字金融发展的目标、路径、准入与退出机制。金融机构应将数字技术广泛应用到金融产品设计、信贷审批、风险管控等各个环节，通过产品创新和服务创新不断提升数字金融对企业研发、产业升级和实体经济高质量发展的适配性和精准性；加快金融基础设施建设，促进数字金融平衡协调发展。通过数字驱动和技术驱动缩小金融资源的区域分布差异。西部地区中经济欠发达地区应着力提升智能金融网点的数量和规模，通过"互联网＋金融"提升金融服务的覆盖率，着重提升中小微企业、个体户和居民的资金可得性。做好"线上＋线下"业务，研发适当有效的产权抵押、使用权抵押、活物抵押数字金融产品，助力提升农村地区的资本配置效率；充分发挥科技赋能的作用，全面提升金融服务质效。要将推进传统金融机构革新、完善科技金融政策体系和创新科技信贷服务模式有机结合。

五是明确数字金融普惠性特征，推动发展数字普惠金融。对于西部地区而言，金融资源相对匮乏，普惠金融能够将不同地区、不同阶层的金融资源合理配置，使金融资源得到最优配置。因此，西部地区发展数字金融的重要一步就是推动数字普惠金融发展。具体而言，要创新优化数字金融产品服务。应充分发挥数字金融助力小微经营主体可持续发展的重要作用，应大力挖掘数字金融产品在民生领域的重要作用，拓展多元化数字金融产品，满足居民多元化资产管理需求；强化科技赋能，促进数字普惠金融发展。西部地区要提升普惠金融科技水平，强化科技赋能普惠金融，要打造健康的数字普惠金融生态，应鼓励将数字政务、智慧政务与数字普惠金融有机结合，促进与日常生活密切相关的金融服务更加便利；推广数字普惠金融教育，加强数字金融消费者权益保护。西部地区需要提升社会公众金融素养和金融能力，要培养全生命周期财务管理理念，培育消费者、投资者选择适当金融产品的能力，健全数字金融消费者权益保护体系。

第二章 西部城市数字金融指数结构分析

第一节 一级指数概况

  2023年2月，国务院发布《数字中国建设整体布局规划》，进一步号召各行业进行数字化转型，数字要素赋能金融蓬勃发展，正在深刻影响我国金融业发展方向。因此，西部城市数字金融指数在编制时从数字金融发展基础、数字金融发展水平以及数字金融发展成效三个方面考虑，力求科学、全面地衡量西部地区数字金融发展现状，以便决策者有针对性地制定金融发展策略。同时，根据三个一级指数的得分情况将西部地区城市划分为五个梯队，其中得分位于80~100分为第一梯队，60~80分为第二梯队，40~60分为第三梯队，20~40分为第四梯队，0~20分为第五梯队。

  数字金融发展基础一级指数由数字化基础设施建设、政府数字化服务能力以及数字化人才资源储能三个二级指数构成，三个二级指数分别从硬件支持、政府服务和人才保障三个方面全面度量城市金融数字化基础水平。首先，数字化基础设施建设指数包括各城市互联网宽带普及率、移动电话普及率和国家级科技企业孵化器数量。城市的互联网宽带普及率代表了城市居民使用网络的普及度和熟练程度，方便从网上获取信息以及进行相关的操作；移动电话普及率代表了人口数量，人口数量越多则对金融服务的需求就会越多，能够促进城市的数字金融化；而国家级科技企业孵化器能够催生更多的企业，这些企业对资金的需求也可以促进数字金融的发展。其次，政府数字化服务能力指标主要关注"政府移动新媒体信息发布量"和"年均在线访问政府网站数量"两个指标，从政府向非政府传递信息和非政府向政府获取信息两个渠道评价政府数字化服务能力。两个指标都是公众接受政府信息的方式，在一定程度上可以反映地区数字化水平。一般情况下，数字化水平高的城市其政府发布信息的方式不限于发布在政府网站，而是可以通过其他多样化的新媒体方式让居民不上政府网站就可以接收政府动态。最后，数字化人才资源储能指数并分别从"高等院校数量"和"教育支出在一般公共预算中的占比"两个方面，衡量数字金融发展的人才贡献力量，因为高等院校的数量决定了该地区人才数量以及质量，从根本上对该地区的数字金融发展起着重要作用，而教育支出的比重反映了政府对高校教育的重视程度，提高高校教育质量产出更多高质量人才，为数字化金融发展提供人才储备。

表2-1展示了中国西部地区数字金融发展基础一级指数的得分情况。具体来说，重庆市与成都市位于第一梯队，昆明市、贵阳市、南宁市、绵阳市、西安市、银川市、呼和浩特市、咸阳市和兰州市共9个城市位于第二梯队。位于第三梯队的城市最多，包括西宁市、宝鸡市等在内，共计87个。玉溪市、甘孜州等20个城市位于第四梯队，仅山南市位于第五梯队。其中，重庆市和成都市的经济增长速度相对领先于其他西部城市，强大的经济实力为完善的数字化基础设施建设奠定了基础。同时，重庆市与成都市均为数字人民币试点城市，政府的数字化服务能力也相对高于其他西部城市。此外，重庆市与成都市拥有数量众多的高等院校，可以更好地发挥出人才聚集效应。因此，重庆市与成都市与其他西部城市拉开距离，成为仅有的2个第一梯队城市。就第二梯队城市而言，除绵阳市和咸阳市外均为省会城市，这表明省会城市相对于非省会城市具备更好的数字金融发展基础。而绵阳市和咸阳市位居第二梯队则反映了四川省和陕西省对于数字金融发展基础的重视。位于第三和第四梯队的城市数量达到107个，这表明绝大多数西部城市的数字金融发展基础相对薄弱，应当采取相应措施从数字化基础设施建设、政府数字化服务能力和数字化人才资源储能这三个方面来提升数字化发展基础。

表2-1 西部城市数字金融发展基础一级指数得分情况

分数段	城市	计数
80＜得分≤100	重庆市、成都市	2
60＜得分≤80	昆明市、贵阳市、南宁市、绵阳市、西安市、银川市、呼和浩特市、咸阳市、兰州市	9

续表

分数段	城市	计数
40＜得分≤60	西宁市、宝鸡市、内江市、泸州市、昌吉回族自治州、遵义市、自贡市、防城港市、安康市、眉山市、桂林市、宜宾市、德阳市、拉萨市、南充市、六盘水市、毕节市、柳州市、资阳市、百色市、乐山市、榆林市、攀枝花市、平凉市、渭南市、铜仁市、广安市、黔西南州、嘉峪关市、鄂尔多斯市、广元市、乌鲁木齐市、黔南州、黔东南州、玉林市、延安市、伊犁哈萨克自治州、雅安市、德宏州、北海市、赤峰市、包头市、遂宁市、呼伦贝尔市、石嘴山市、来宾市、梧州市、阿勒泰地区、安顺市、贵港市、定西市、钦州市、巴中市、汉中市、西双版纳州、崇左市、酒泉市、张掖市、吐鲁番市、海东市、海西州、阿坝州、固原市、保山市、贺州市、锡林郭勒盟、凉山州、阿克苏地区、达州市、丽江市、商洛市、金昌市、河池市、庆阳市、昭通市、哈密市、阿拉善盟、乌兰察布市、普洱市、巴彦淖尔市、红河州、白银市、曲靖市、乌海市、克拉玛依市、果洛州、通辽市	87
20＜得分≤40	玉溪市、甘孜州、楚雄州、天水市、临夏回族自治州、博尔塔拉蒙古自治州、吴忠市、中卫市、迪庆州、铜川市、武威市、海北州、怒江州、临沧市、兴安盟、陇南市、喀什地区、玉树州、海南州、黄南州	20
0≤得分≤20	山南市	1
合计		119

数字金融发展水平一级指数由传统金融机构的数字化服务、金融科技企业的服务水平和政府运用数字工具进行治理三个二级指数构成，其中传统金融机构的数字化服务指数从各银行的应用APP下载量、网站访问量和年报数字化关键词数量出发，构建传统金融机构数字化服务指数，随着数字金融的发展，越来越多的业务已经不需要到柜台办理，传统金融机构APP以及网站年访问量体现了地方金融机构数字化业务的普及率，而年报数字化关键词数量反映了传统金融机构对数字化发展的重视程度，推动整个经济环境的数字金融发展，创造更高的数字化服务水平。金融科技企业的服务水平指数主要关注金融科技企业的注册资本、平均招投标数量以及其服务于传统金融机构的比例。政府运用数字工具进行治理指数主要从政府运用数字工具方面出发，探讨政府治理数字化水平，因而选取数字人民币试点、发放消费券以及地方政府出台政策

支持三个衡量指标；其中，数字人民币试点为中央政府运用数字工具的表现，而发放消费券和出台政策为地方政府运用数字工具的表现。这三个二级指数分别从金融科技企业的发展基础、同业竞争力以及行业认可度三个方面反映所在城市金融科技企业的服务水平。

表 2-2 展示了中国西部城市数字金融发展水平一级指数的得分情况。其中，重庆市、成都市、西安市、南宁市、贵阳市共 5 个城市位于第一梯队，昆明市、乐山市、南充市等 15 个城市位于第二梯队，拉萨市、玉溪市、柳州市等 30 个城市位于第三梯队，六盘水市、汉中市、黔西南州等 44 个城市位于第四梯队，保山市、山南市、咸阳市等 25 个城市位于第五梯队。具体来说，第一梯队的 5 个城市均为省会城市或直辖市。重庆市、成都市、西安市、南宁市和贵阳市作为西部地区发展快速的城市，较早地树立起了数字化发展理念，无论是政府还是传统金融机构，都将数字化工具运用到服务过程中，同时也吸引了大量新兴金融科技企业落地。关于第二梯队，以昆明市领衔的 15 个城市同样表现出了良好的数字化发展水平。其中，乐山市、南充市、泸州市、宜宾市、达州市、遂宁市、德阳市、绵阳市、自贡市、雅安市等 10 个城市均属于四川省，这体现了四川省整体的数字化发展水平高于西部其他省份。第三梯队、第四梯队和第五梯队共包括 99 个城市，表明西部地区大部分城市的数字金融发展水平仍处于较低水平，政府应当从传统金融机构的数字化服务、金融科技企业的服务水平和政府运用数字工具治理三个方面来提高这些城市的数字化发展水平。

表 2-2　西部城市数字金融发展水平一级指数得分情况

分数段	城市	计数
80＜得分≤100	重庆市、成都市、西安市、南宁市、贵阳市	5
60＜得分≤80	昆明市、乐山市、南充市、泸州市、宜宾市、达州市、遂宁市、德阳市、绵阳市、自贡市、呼和浩特市、雅安市、兰州市、桂林市、包头市	15
40＜得分≤60	拉萨市、玉溪市、柳州市、银川市、乌鲁木齐市、广元市、凉山州、攀枝花市、广安市、巴中市、眉山市、资阳市、西双版纳州、鄂尔多斯市、西宁市、石嘴山市、阿拉善盟、渭南市、锡林郭勒盟、通辽市、曲靖市、遵义市、伊犁哈萨克自治州、兴安盟、毕节市、乌兰察布市、黔南州、呼伦贝尔市、普洱市、克拉玛依市	30

续表

分数段	城市	计数
20＜得分≤40	六盘水市、汉中市、黔西南州、贵港市、楚雄州、昭通市、临沧市、百色市、赤峰市、防城港市、铜仁市、宝鸡市、红河州、安顺市、黔东南州、乌海市、德宏州、钦州市、北海市、哈密市、铜川市、张掖市、梧州市、内江市、阿坝州、甘孜州、安康市、崇左市、怒江州、来宾市、天水市、巴彦淖尔市、金昌市、玉林市、庆阳市、昌吉回族自治州、武威市、平凉市、陇南市、中卫市、定西市、固原市、贺州市、河池市	44
0≤得分≤20	保山市、山南市、咸阳市、延安市、榆林市、嘉峪关市、酒泉市、白银市、海东市、海北州、黄南州、海西州、吐鲁番市、博尔塔拉蒙古自治州、阿克苏地区、阿勒泰地区、喀什地区、吴忠市、丽江市、迪庆州、商洛市、海南州、果洛州、临夏回族自治州、玉树州	25
合计		119

数字金融发展成效一级指数由数字经济发展、数字金融风险和传统金融发展三个二级指数构成，分别从数字金融自身发展状况、所带来风险以及对传统经济影响这三个方面来衡量各城市数字金融发展所获得的成效，衡量标准更公正、合理。首先，数字经济发展指数统计数字经济核心产业企业数量和网络零售额，把握数字金融对经济发展的积极影响。其中，数字经济核心产业企业作为数字经济的主要建设者和引领者，能够促进数字金融的发展，并引导其他企业数字化改革，其数量在一定程度上也能够反映城市数字金融的发展水平；而网络零售额是城市居民数字化消费水平，也是城市数字化发展程度的体现。其次，通过收集银行、证券行政处罚总数和互联网企业经营异常比构建数字金融风险指数。数字化的发展在给城市带来发展机遇的同时也带来了风险，银行、证券行政处罚总数和互联网企业经营异常比反映了城市数字金融发展过程中的风险程度，促使监管部门对数字经济发展严格监管，创造良好的经济环境。最后，传统金融发展指数统计地区生产总值增长率、金融许可证持有量和金融机构贷款。数字经济给整个经济社会的发展带来颠覆性、革命性的改变，具有重塑经济发展格局、促进经济高质量发展的潜力。地区生产总值增长率、金融许可证持有量和金融机构贷款数额可以很好地量化出数字经济对于传统金融的冲击，从而将数字金融的发展成效具化。

表2-3展示了中国西部地区的数字化发展成效一级指数的得分情况。具体而言，成都市和重庆市位于第一梯队，西安市、昆明市、贵阳市、南宁市、绵阳市、乌鲁木齐市、呼和浩特市和银川市共8个城市位于第二梯队，兰州市、咸阳市、达州市等77个城市位于第三梯队，梧州市、临夏回族自治州、黔西南州等27个城市位于第四梯队，海南州、海北州、黄南州、玉树州和果洛州共5个城市位于第五梯队。其中，成都市和重庆市依托良好的数字金融发展基础和发展水平，在实现数字经济快速增长的同时，能够将数字金融风险控制在较低的水平，因此数字金融发展成效得分与其他西部城市拉开显著差距，成为仅有的2个第一梯队城市。然后，第二梯队的8个城市除绵阳市外全部为省会城市，表明省会城市能够更加安全、有效地取得数字化发展成效。而绵阳市出现在第二梯队中再一次表明四川省在数字化发展上处于西部领先地位。第三梯队和第四梯队所包含的104个城市体现了绝大多数西部地区城市的数字金融发展成效微弱，当地政府应当采取相应措施，在控制数字金融发展所带来的风险的前提下，大力发展数字经济以获得更为显著的数字金融发展成效。

表2-3　西部城市数字金融发展成效一级指数得分情况

分数段	城市	计数
80＜得分≤100	成都市、重庆市	2
60＜得分≤80	西安市、昆明市、贵阳市、南宁市、绵阳市、乌鲁木齐市、呼和浩特市、银川市	8
40＜得分≤60	兰州市、咸阳市、达州市、宜宾市、遵义市、鄂尔多斯市、德阳市、南充市、榆林市、桂林市、乐山市、泸州市、宝鸡市、包头市、钦州市、赤峰市、昌吉回族自治州、延安市、柳州市、眉山市、曲靖市、遂宁市、自贡市、西宁市、汉中市、玉林市、渭南市、通辽市、百色市、呼伦贝尔市、北海市、天水市、凉山州、内江市、红河州、阿克苏地区、毕节市、安康市、楚雄州、攀枝花市、拉萨市、保山市、黔东南州、陇南市、资阳市、防城港市、玉溪市、平凉市、伊犁哈萨克自治州、铜仁市、河池市、黔南州、喀什地区、商洛市、庆阳市、巴彦淖尔市、昭通市、贵港市、雅安市、丽江市、武威市、张掖市、广元市、中卫市、酒泉市、西双版纳州、乌兰察布市、崇左市、白银市、定西市、巴中市、广安市、吴忠市、锡林郭勒盟、铜川市、来宾市、六盘水市	77

续表

分数段	城市	计数
20＜得分≤40	梧州市、临夏回族自治州、黔西南州、甘孜州、哈密市、安顺市、临沧市、普洱市、兴安盟、阿坝州、固原市、德宏州、贺州市、金昌市、石嘴山市、嘉峪关市、吐鲁番市、克拉玛依市、山南市、乌海市、阿勒泰地区、海西州、海东市、博尔塔拉蒙古自治州、怒江州、迪庆州、阿拉善盟	27
0≤得分≤20	海南州、海北州、黄南州、玉树州、果洛州	5
合计		119

第二节　二级指数概况

一、数字化基础设施建设指数

数字化基础设施建设指数主要从互联网宽带普及率、移动电话普及率和国家级科技企业孵化器数量这三个方面来进行评估，这三者共同为城市的数字化转型提供了基础与条件，具体构成见附录指标权重部分，得分情况如表2-4所示。

西部的119个城市总体差距较大，但是主要集中在40~60分的区间，没有小于20分也没有大于80分的城市，说明西部城市在数字化基础设施建设方面还有很大的提升空间。

第二梯队的城市包括昌吉回族自治州、北海市、宝鸡市、咸阳市、银川市、石嘴山市、贵阳市、南宁市、西宁市、绵阳市、昆明市、乌鲁木齐市、兰州市、西安市、重庆市、成都市。

除了重庆市之外，西部省份的数字化基础设施建设指数平均排名由高至低依次为陕西省、四川省、新疆维吾尔自治区、甘肃省、宁夏回族自治区、广西壮族自治区、内蒙古自治区、贵州省、青海省和云南省。就平均水平来看，云南省和陕西省相差11分，与重庆市相差33分。

西部地区省会城市主要位于第二梯队，以成都市、重庆市、西安市为首。具体分析，成都市在发展数字经济方面拥有明确的规划与区域特色。数字经济作为一种新型经济形态，具有天然的渗透性、融合性和减能性，既是产业转型的最优选项，也是关乎城市长远发展的动力引擎。

根据四川省统计局核定，2022年成都市数字经济核心产业增加值为2779.51亿元，现价增长6.1%，占全市地区生产总值比重为13.4%。成都市作为四川省建设国家数字经济创新发展试验区的核心区域，在数字化转型全面提速背景下，与深圳市一同成为我国数字化发展第一梯队。2022年《成都市"十四五"数字经济发展规划》正式印发，从超大城市数字化转型的现实需求出发，成都将全面推动数字经济与实体经济深度融合发展，截至2022年底，成都市数字经济核心产业企业数量达到251217家，领先周边省会城市。到2025年，成都市将高水平建成国家数字经济创新发展试验区、新一代人工智能创新发展试验区、国家人工智能创新应用先导区，智慧蓉城、数字经济整体发展水平保持全国第一方阵前列。

重庆市的数字基础设施服务能力位列全国第一方阵，在全国率先实现县域以上城市数字化管理全覆盖，建成区覆盖面积超过95%。近年来，重庆市加快建设"数字重庆"，构建"1361"系统架构，即打造一个一体化公共数据平台，市、区县、乡镇三级城市运行和治理中心，六大应用系统和一个基层智治体系，将数字化技术应用于经济社会发展各方面，努力提高城市治理质量和效率。目前，重庆市已拥有体系化的国家级新型基础设施，包括互联网骨干直联点、工业互联网标识解析节点、算力网络枢纽节点等[①]。2021年12月1日，重庆市政府印发了《重庆市数字经济"十四五"发展规划（2021—2025年）》，2023年以来，重庆市扎实推进"数字重庆"建设，大力发展数字经济，持续促进数字经济和实体经济深度融合，加快构建以数字经济为引领的现代化产业体系，数字产业化、产业数字化步伐不断提速，为经济社会高质量发展注入新动能。涪陵区作为重庆工业大区，2023年上半年地区生产总值增长6.4%，位列重庆市区县第一。与此同时，当地已建成了智能工厂和数字化车间共80个，总数也位居重庆市前列。截至2023年8月，重庆市已累计实施6080个智能化改造项目，建设认定144个智能工厂、958个数字化车间，示范项目生产效率平均提升56.8%，运营成本平均降低22.1%，实施智能化改造的规模以上企业对全市工业产值增长贡献率超七成。到2027年，规模以上制造业企业基本进入数字化普及阶段，数字化研发设计工具普及率达到87%，关键工序数控化率达到65%；推动4000家中小企业实现数字化

---

① 去年全市数字经济核心产业增加值2779.51亿元[N].成都日报，2023-02-08（01）.

转型，累计推动15万户企业上云①。

2022年我国数字经济规模达50.2万亿元，占地区生产总值比重提升至41.5%。经西部数字经济研究院测算，2022年陕西省数字经济总量达到12618亿元，数字经济占全省生产总值比重达38.5%，其中西安市数字经济总量达到5249亿元，数字经济占全市生产总值比重达45.6%②。

西安市作为国家中心城市，以推动产业数字化和数字产业化为主攻方向，以数字政府和智慧城市建设为发展载体，促进数字经济与实体经济深度融合，助力经济高质量发展。截至2023年6月，全市拥有大数据企业400余家，人工智能企业300余家，各类软件及信息服务企业2600余家③。

国家超算西安中心、未来人工智能计算中心建成投用，西安国际互联网数据专用通道和"一网通办"总门户建成，重点区域5G信号连片覆盖，市级政务服务事项网上可办率达到95.93%。数字经济成为带动西安新兴产业发展壮大，推动传统产业转型升级，实现高质量发展的新引擎。近年来，西安结合自身重点产业方向，吸引了一批实力雄厚的企业投资落户。第四届西部数博会前夕，一些重点项目落户西安，邀请了安擎计算机信息公司安擎"丝路总部"项目、联东集团雁塔网络安全智谷项目、中智行西北总部公司项目、中国电信5G智能网联丝路研究院项目等12个具有代表性重点项目现场签约。

而第二梯队的排名靠前的贵阳市、南宁市、西宁市、昆明市、乌鲁木齐市、兰州市等都为省会城市，而非省会城市绵阳市则排在贵阳市、南宁市、西宁市前。2022年12月，《四川省数字经济综合发展水平评估报告（2022年）》（以下简称《报告》）在中国信息通信大会开幕式上揭晓。《报告》就2021年度全省及21个市（州）数字经济发展水平进行综合评估，其中绵阳市数字经济发展水平高于全省平均水平，位列第一梯队。绵阳市各项指标相对均衡，以86.4分的总分居全省第二。截至2022年底，绵阳市建成5G基站近8000个、5G终端用户数近150万，县级以上区域、工业园区、重点景区、交通枢纽等均已实现5G网络覆盖，全部行政村均已通4G、通光纤，通信

---

① 重庆数字经济引领创新发展 [N]. 经济日报, 2023-09-03 (6).
② 赵随. "数"造"西"引力 2023西安数字经济招商引资推介会圆满举行 [EB/OL]. (2023-06-17) [2023-05-07]. https://www.xiancn.com/content/2023-06/17/content_6744428.htm.
③ 张鸿, 薛菁. 陕西发展数字创意产业的机遇与挑战 [J]. 新西部, 2023 (07): 43-47.

网络各类指标稳居全省第二，2021年获批全国首批"千兆城市"。截至2022年，新一代信息技术产业拥有千亿级企业1户、百亿级企业3户、全国电子信息百强企业3家、电子元件百强企业3家，物联网无线通信模组、移动通信终端用微型振动电机等10余个重点产品国内市场占有率居第一。2021年，全市数字经济总体规模达385.19亿元[1]。在赛迪顾问发布的2022年数字经济城市发展百强榜中，绵阳市位列全国第46位。

在西部城市中，省会城市和非省会城市的发展差距较大，省会城市主要位于第二梯队，非省会城市主要位于第三梯队，因为西部地区资源缺乏，而主要的资源投资在省会城市的建设中，是造成这一结果的主要原因。

表2-4 西部城市数字化基础设施建设指数得分情况

分数段	城市	计数
80＜得分≤100	—	0
60＜得分≤80	成都市、重庆市、西安市、兰州市、乌鲁木齐市、昆明市、绵阳市、西宁市、南宁市、贵阳市、石嘴山市、银川市、咸阳市、宝鸡市、北海市、昌吉回族自治州	16
40＜得分≤60	张掖市、金昌市、海西州、柳州市、防城港市、广安市、内江市、嘉峪关市、安康市、延安市、呼和浩特市、阿勒泰地区、泸州市、榆林市、鄂尔多斯市、桂林市、自贡市、德阳市、攀枝花市、宜宾市、伊犁哈萨克自治州、眉山市、拉萨市、乐山市、平凉市、酒泉市、渭南市、白银市、克拉玛依市、乌海市、玉溪市、哈密市、来宾市、百色市、梧州市、赤峰市、吐鲁番市、遂宁市、遵义市、阿坝州、铜川市、呼伦贝尔市、六盘水市、广元市、雅安市、包头市、锡林郭勒盟、巴彦淖尔市、山南市、阿拉善盟、武威市、德宏州、崇左市、天水市、喀什地区、庆阳市、贵港市、汉中市、曲靖市、海北州、南充市、河池市、兴安盟、巴中市、固原市、黔东南州、铜仁市、吴忠市、资阳市、黔南州、西双版纳州、黔西南州、阿克苏地区、迪庆州、定西市、贺州市、保山市、钦州市、丽江市、毕节市、玉林市、通辽市、普洱市、红河州、安顺市、中卫市、临沧市、海东市、陇南市、商洛市、海南州、黄南州、甘孜州、临夏回族自治州、果洛州	95
20＜得分≤40	楚雄州、博尔塔拉蒙古自治州、玉树州、怒江州、昭通市、乌兰察布市、达州市、凉山州	8
0＜得分≤20	—	0
合计		119

---

[1] 《四川省数字经济综合发展水平评估报告（2022年）[EB/OL]. (2022-12-11) [2023-08-24]. https://www.sohu.com/a/616967401_121123525.

二、政府数字化服务能力指数

政府数字化服务能力指数主要由政府移动新媒体信息发布量和年均在线访问政府网站数量两项构成，具体构成见附录指标权重部分。这一指数在西部城市中分布区间较大，存在于五个梯队（见表2-5）。第一梯队包括重庆市、资阳市、成都市、昆明市、昌吉回族自治州、德宏州、南充市、雅安市、防城港市，在这一指标中，除了西部的一线城市重庆市、成都市和昆明市以外，其余的城市都是非省会城市（直辖市），由此可见，该项指标主要衡量当地政府对于数字经济的宣传力度和普及方式。在第一梯队的城市中，除昌吉回族自治州和防城港市以外，其余各市都在省发布的推动数字经济建设的文件基础上，还发布了市级数字经济"十四五"规划。

政府数字化服务能力跟地方政府互联网服务能力密切相关，由电子科技大学智慧治理研究院和成都市经济发展研究院课题组编写的《中国地方政府互联网服务能力发展报告2022》中，在"地方政府互联网服务能力"排行榜上，成都市以高分连续五年在全国333个地级行政区中排名前五，成为西部地区的表率[①]。在深化城市运行"一网统管"方面，成都市夯实"王"字形城市运行管理架构，制定重点应用场景清单，实现"一网统管"建设覆盖率达到70%以上，上架推广优秀应用场景140个以上，加密扩面感知源数量50%。在深化数据资源"一网通享"方面，成都市出台智慧蓉城数据共享实施细则，建立健全政务数据共享协调机制，提升数据协同管理和服务能力等。在深化政务服务"一网通办"方面，成都市通过持续优化完善"蓉易办"平台功能、深化电子证照归集与治理、拓展智能审批服务、深化线上线下融合、全面推广提醒服务，引导企业群众由窗口办转向网上办、掌上办、自助办。

2023年7月10日，重庆市政府发布《重庆市互联网发展报告2022》，指出重庆市坚持以数字化变革引领系统性变革，大力推进数字重庆建设，在互联网基础设施、产业发展、生态治理和服务能力等方面取得丰硕成果。截至2022年，重庆每万人拥有5G基站19.04个，居全国第七；数据资源综合评分居全国第十三，建成市级部门

---

① 汤志伟.《中国地方政府互联网服务能力发展报告2022》[M]. 北京：社会科学文献出版社，2023：332-339.

数据资源池 68 个，实现数据共享 10416 类、开放 5493 类，共享数据日均调用量突破 1300 万条，数据开放水平位列全国第一梯队；数字社会综合评价居全国第十三，电子社保卡覆盖率为 44.37%，生活服务线上缴费覆盖感知情况位居全国第二；建成智慧医院 57 个、智慧校园示范学校 425 所；数字政务综合评价位居全国第九，311 项"川渝通办"事项全面落地，办理总量超 1300 万件次，实名用户超 2600 万人；处置违法和不良信息 1.2 万条，关停网站 180 家，数字治理生态综合评价居全国第二；数字安全保障水平居全国第四，网络安全产业规模超 170 亿元，同比增长 13% 以上[①]。

除重庆市外，政府数字化服务能力指数四川省的平均水平最高，其次是贵州省，随后是广西壮族自治区、陕西省、内蒙古自治区、宁夏回族自治区、云南省、青海省、新疆维吾尔自治区、甘肃省以及西藏自治区。整体上差距较大，四川省高于西藏自治区 30 分，而贵州省与四川省分差只有 5 分，在政府数字化服务能力上处于西部领先水平，贵阳省政府非常重视政府数字化建设，2022 年 12 月 20 日，工信部中国软件评测中心发布 2022 年数字政府服务能力评估暨第二十一届政府网站绩效评估结果，贵阳市荣获三项殊荣：贵阳市人民政府网以 84.7 分连续三年位列全国省会城市第三；网站《大数据分析支撑科学决策，有力提升网站服务能力》入选省会及计划单列市政府网站"十佳"优秀创新案例；贵阳市数字政府服务能力被评为优秀等级。同日，在清华大学公共管理学院举办的"2022 年数字政府清华论坛"上，贵阳市人民政府网以 83.4 分位列省会城市第五名，较 2021 年上升 1 位。2022 年，贵阳市持续深入推进数字政府建设，加强统筹规划，通过资源整合等，高质量服务企业和群众。在做好网站常态化管理工作同时，贵阳市人民政府网加大主动发声公开力度，积极回应群众关切，开设 9 个专题专栏，发布 25 期新闻发布会，开展 18 期（次）在线访谈，发布政策解读材料 128 条，受理咨询件 3048 条，办结率 100%[②]。而其余省份以及城市总体分差较大，反映出西部地区政府对于政府数字化建设力度存在明显的差距。

---

① 《重庆市互联网发展报告 2022》[EB/OL].（2023 - 07 - 10）[2023 - 05 - 07]. https：// wap.cq.gov.cn/ywdt/jrcq/202307/t20230711_12138558.html.

② 贵阳：数字政府建设再获佳绩 [EB/OL].（2023 - 01 - 10）[2023 - 06 - 23]. http：// dsjj.guiyang.gov.cn/newsite/xwdt/xyzx/202301/t20230110_77892281.html.

表2-5 西部城市政府数字化服务能力指数得分情况

分数段	城市	计数
80＜得分≤100	重庆市、资阳市、成都市、昆明市、昌吉回族自治州、德宏州、南充市、雅安市、防城港市	9
60＜得分≤80	西宁市、梧州市、崇左市、丽江市、昭通市、嘉峪关市、汉中市、保山市、桂林市、阿拉善盟、赤峰市、普洱市、海西州、广安市、榆林市、锡林郭勒盟、贵港市、固原市、钦州市、楚雄州、延安市、怒江州、来宾市、阿克苏地区、达州市、包头市、攀枝花市、贺州市、鄂尔多斯市、博尔塔拉蒙古自治州、黔东南州、果洛州、商洛市、甘孜州、咸阳市、铜仁市、安顺市、银川市、凉山州、渭南市、黔西南州、拉萨市、宝鸡市、南宁市、六盘水市、泸州市、德阳市、遵义市、平凉市、眉山市、定西市、西双版纳州、百色市、乌兰察布市、玉林市、自贡市、呼和浩特市、巴中市、呼伦贝尔市、乐山市、广元市、贵阳市、遂宁市、内江市、毕节市、绵阳市、安康市、宜宾市	68
40＜得分≤60	天水市、白银市、庆阳市、陇南市、海南州、北海市、乌海市、石嘴山市、海北州、哈密市、海东市、玉树州、迪庆州、吐鲁番市、吴忠市、通辽市、阿坝州、柳州市、伊犁哈萨克自治州、红河州、阿勒泰地区、中卫市、河池市、黔南州、巴彦淖尔市、酒泉市、临夏回族自治州	27
20＜得分≤40	西安市、玉溪市、铜川市、兴安盟、兰州市、武威市、金昌市、张掖市、临沧市、曲靖市、黄南州、克拉玛依市、喀什地区	13
0＜得分≤20	山南市、乌鲁木齐市	2
合计		119

三、数字化人才资源储能指数

数字化人才资源储能指数主要从高等院校数量和教育支出占一般公共预算支出比重两方面进行比较分析，具体构成见附录指标权重部分。西部119个城市在数字化人才资源储能的发展差异较大，将指数得分划分为五个分数段，第一梯队为80~100分没有对应城市，得分多集中于第三和第四梯队，少部分属于第二、第五梯队，在第二梯队中有9个城市，除重庆市（72.95分）属于直辖市外，西安市（76.13分）、贵阳市（73.92分）、昆明市（71.82分）、南宁市（71.22分）、成都市（70.16分）、兰州市（66.04分）都是各省的省会城市，非省会城市有黔南州（63.39分）、毕节市（60.66分）；而其余省会：呼和浩特市（57.74分）、乌鲁木齐市（55.68分）、银川市（53.14分）、西宁市（52.12分）虽处于第三梯队，但排名相对靠前，仅有拉萨市（46.21分）稍显落后，表明省会城市能够较好发挥人才集聚功能，在这方面的发展有所领先（见表2-6）。

除了重庆市（72.95分）作为直辖市外，从省级层面来看，西部各省份（自治区）的数字化人才资源储能指数平均分排名为贵州（58.01分）、广西（45.88分）、陕西（45.22分）、四川（43.19分）、云南（40.23分）、甘肃（40.02分）、新疆（36.63分）、宁夏（33.62分）、内蒙古（32.15分）、西藏（29.01分）、青海（28.79分）。各省（自治区、直辖市）的数字化人才资源储能平均分数差距较大，如青海与重庆相差44.16分，青海与贵州相差29.22分。

从市级层面来说，西安市、贵阳市、重庆市、昆明市、南宁市和成都市在高等院校数量方面具有明显优势，在教育支出方面同样表现良好，因此总得分领先其他城市。兰州市、黔南州和毕节市总得分相近，且均在高等院校数量和教育支出占一般公共预算支出比重两个方面表现均衡，无明显的短板，尤其是黔南州和毕节市在教育支出方面表现十分突出，这得益于当地政府长期以来在财政投入上均优先保障教育，大量的教育经费投入弥补了其高校数量相对较少的短板，因此黔南州和毕节市的总得分能够跻身前十。

就省内各城市的发展情况而言，在西部各省中，省会城市与非省会城市的分值差距多数超过了20分，分数悬殊较大；各省会城市的分数基本靠前，而非省会城市的指数得分大多数位于第三梯队至第五梯队。这说明西部地区的数字化人才资源储能存在空间聚集效应，多围绕省会城市进行发展，这是政策、资金等多方面因素造成的。

表2-6 西部城市数字化人才资源储能指数得分情况

分数段	城市	计数
80＜得分≤100	—	0
60＜得分≤80	西安市、贵阳市、重庆市、昆明市、南宁市、成都市、兰州市、黔南州、毕节市	9

续表

分数段	城市	计数
40＜得分≤60	海东市、呼和浩特市、遵义市、曲靖市、铜仁市、乌鲁木齐市、六盘水市、黔西南州、绵阳市、泸州市、桂林市、咸阳市、银川市、西宁市、柳州市、黔东南州、钦州市、南充市、玉林市、宝鸡市、昭通市、贵港市、安顺市、内江市、庆阳市、达州市、百色市、拉萨市、眉山市、德阳市、梧州市、自贡市、汉中市、榆林市、赤峰市、克拉玛依市、崇左市、北海市、渭南市、广安市、攀枝花市、张掖市、包头市、定西市、凉山州、平凉市	46
20＜得分≤40	楚雄州、保山市、武威市、吐鲁番市、宜宾市、丽江市、天水市、广元市、来宾市、玉溪市、伊犁哈萨克自治州、资阳市、阿坝州、临沧市、安康市、金昌市、西双版纳州、乐山市、嘉峪关市、商洛市、河池市、红河州、通辽市、临夏回族自治州、贺州市、巴中市、鄂尔多斯市、白银市、固原市、阿克苏地区、喀什地区、阿勒泰地区、昌吉回族自治州、遂宁市、延安市、石嘴山市、铜川市、雅安市、呼伦贝尔市、普洱市、陇南市、德宏州、酒泉市、哈密市、果洛州、玉树州、兴安盟、怒江州、迪庆州、甘孜州、博尔塔拉蒙古自治州、防城港市、乌兰察布市、吴忠市、中卫市、锡林郭勒盟、阿拉善盟、乌海市、海南州、海北州	60
0＜得分≤20	巴彦淖尔市、黄南州、山南市、海西州	4
合计		119

四、传统金融机构数字化服务指数

传统金融机构数字化服务指数主要从APP总下载量、网站访问量和银行年报数字化关键词数量三个方面进行比较，具体构成见附录指标权重部分。西部119个城市在传统金融机构数字化服务指数的发展有明显的差异，将指数得分划分为五个分数段，第一梯队80~100分的城市有6个，分别是重庆市（99.03分）、贵阳市（90.6分）、成都市（90.35分）、西安市（90.27分）、南宁市（83.88分）、昆明市（83.48分），其中除重庆市属于直辖市外，其余城市都属于省会城市，第一梯队里没有非省会城市；少部分城市属于第二、第三梯队，其中包括省会城市兰州市（79.78分）、乌鲁木齐市（77.37分）、呼和浩特市（62.77分）、银川市（59.95分）、西宁市（58.77分）、拉萨市（48.96分），排名总体来说比较靠前，说明省会城市传统金融机构数字化服务能力更强，在这方面的发展有所领先；第四梯队没有城市，而大部分城市处于在第五梯队。

除了重庆市（99.03分）作为直辖市外，从省级层面来看，西部各省份（自治区）的传统金融机构数字化服务指数平均分排名为四川（34.12分）、新疆（24.96分）、宁夏（24.88分）、西藏（24.48分）、内蒙古（20.44分）、广西（16.08分）、云南（14.52分）、贵州（10.07分）、陕西（9.03分）、广西（7.35分）、甘肃（6.14分），各省（自治区）的传统金融机构数字化服务指数平均分数差距较大，如甘肃与四川相差27.98分。

从市级层面来说，重庆市、贵阳市、成都市、西安市、南宁市和昆明市虽同处于第一梯队，但仍然有一定的差距，其中重庆市表现出非常明显的"领头雁"效应，在各个指标上与其他城市拉开较大差距，APP总下载量和银行年报数字化关键词数量两个指标均居西部城市首位，体现了重庆市完备的数字化渠道建设和数字化转型决心。贵阳市依托中国首个大数据综合试验区优势，在网站访问量指标上高于其他城市。成都市发展较为均衡，三个指标均有亮眼表现，体现了成都市金融机构数字化转型发展的协调性。西安市在银行年报数字化关键词数量指标上具有相对优势，体现了西安市数字化转型的缜密布局。南宁市和昆明市银行在网站访问量指标表现突出，但手机APP下载量在西部城市中不占优势，可以在数字化渠道建设方面寻求进一步提升。尽管兰州市处于第二梯队，但与第一梯队的整体实力差距甚微，其在手机APP下载量指标上排名靠前，但在银行数字化关键词数量指标上显弱，可进一步推进数字化战略布局，提升银行数字化服务水平。

就省内各城市的发展情况而言，在西部各省中，省会城市与非省会城市的分值差距较大，甚至有很多非省会城市得分为零分；各省会城市的分数基本靠前，而非省会城市的指数得分少数位于第二、第三梯队，大多数位于第五梯队。这说明西部地区的传统金融机构数字化服务存在空间聚集效应，多围绕省会城市进行发展，但是部分城市的传统金融机构数字化服务发展状况明显落后（见表2-7）。

表2-7 西部城市传统金融机构数字化服务指数得分情况

分数段	城市	计数
80＜得分≤100	重庆市、贵阳市、成都市、西安市、南宁市、昆明市	6
60＜得分≤80	兰州市、乌鲁木齐市、桂林市、南充市、乐山市、遂宁市、克拉玛依市、包头市、柳州市、石嘴山市、泸州市、绵阳市、呼和浩特市、雅安市、宜宾市、曲靖市	16

续表

分数段	城市	计数
40＜得分≤60	银川市、德阳市、玉溪市、西宁市、自贡市、哈密市、达州市、伊犁哈萨克自治州、鄂尔多斯市、乌海市、拉萨市	11
20＜得分≤40	—	0
0＜得分≤20	阿拉善盟、攀枝花市、广元市、内江市、眉山市、广安市、巴中市、资阳市、阿坝州、甘孜州、凉山州、保山市、昭通市、丽江市、普洱市、临沧市、楚雄州、红河州、西双版纳州、德宏州、怒江州、迪庆州、六盘水市、遵义市、安顺市、毕节市、铜仁市、黔西南州、黔东南州、黔南州、山南市、铜川市、宝鸡市、咸阳市、渭南市、延安市、汉中市、榆林市、安康市、商洛市、嘉峪关市、酒泉市、张掖市、金昌市、武威市、白银市、定西市、天水市、平凉市、庆阳市、陇南市、临夏回族自治州、海东市、海北州、黄南州、海南州、果洛州、玉树州、海西州、吐鲁番市、昌吉回族自治州、博尔塔拉蒙古自治州、阿克苏地区、喀什地区、阿勒泰地区、吴忠市、固原市、中卫市、赤峰市、通辽市、呼伦贝尔市、巴彦淖尔市、乌兰察布市、兴安盟、锡林郭勒盟、梧州市、北海市、防城港市、钦州市、贵港市、玉林市、百色市、贺州市、河池市、来宾市、崇左市	86
合计		119

五、金融科技企业服务水平指数

从西部地区各个城市的金融科技企业服务水平指数（具体构成见附录指标权重部分）的得分来看，得分位于第一梯队的城市分别是贵阳市、成都市、西安市。其中，贵阳市金融科技企业注册资本以及金融科技企业的平均招投标数量均表现突出，金融科技企业服务传统金融机构比例稍有欠缺。成都市和西安市位列第二和第三，两者的金融科技企业注册资本和服务传统金融机构比例都比较均衡，而平均招投标数量相对较为突出。排在第四至第八的城市情况与成都市、西安市类似，但在平均招投标数量上稍显落后。其余城市金融科技企业的服务水平差异明显，呈现出明显的分化特征，差异来源主要为金融科技企业的平均招投标数量和金融科技企业服务传统金融机构比例两个方面，金融科技企业注册资本差距不明显，未来仍有较大的发展空间。而得分位于第三梯队的城市在金融科技发展方面已经起步，但整体发展略显逊色（见表2-8）。

具体分析发展最优的城市发展脉络，贵阳市作为西南地区的首个国家大数据综合试验区，抢抓"东数西算"的历史机遇，一批金融机构、数据中心正加速集聚，吸引了以人民银行数据中心为代表的金融数据中心落地建设，切实助力金融业数字化转型。而成都市于2020年发布《成都市金融科技发展规划（2020—2022年)》，将努力培育5~10家在国内具有行业龙头地位的金融科技企业，推动3~5家金融科技相关企业上市列为发展目标。同时，成都市依托交子公园金融商务区，于2016年打造了全国首个金融科技高品质科创空间——交子金融梦工场，助力成都西部金融中心建设，累计孵化出400多家金融科技企业，获得国家级科技企业孵化器的认定。西安市发挥大数据与金融"乘数效应"，围绕统筹规划锚定金融科技发展方向、应用试点强化金融科技惠民利企、示范工程助力金融科技赋能乡村振兴、数字化转型驱动金融机构智慧经营、数字思维引领金融科技产业生态开放共赢五个方向，积极落实金融科技发展规划，探索运用数字化手段优化金融产品、升级业务流程，赋能金融服务提质增效。

表2-8 西部城市金融科技企业的服务水平指数得分情况

分数段	城市	计数
80＜得分≤100	贵阳市、成都、西安市	3
60＜得分≤80	重庆市、南宁市、呼和浩特市、乐山市	4
40＜得分≤60	昆明市、德宏州、渭南市、锡林郭勒盟、达州市、通辽市、钦州市、遵义市、柳州市、北海市、兴安盟、铜川市、南充市、泸州市、毕节市、包头市、拉萨市、宜宾市、鄂尔多斯市、乌兰察布市、河池市、黔南州、广元市、凉山州、呼伦贝尔市、梧州市、普洱市、兰州市、德阳市、自贡市、六盘水市、攀枝花市、汉中市、黔西南州、安康市、崇左市、贵港市、楚雄州、广安市、昭通市、临沧市、怒江州、阿拉善盟、百色市、绵阳市、来宾市、桂林市、天水市、赤峰市、巴彦淖尔市、防城港市、铜仁市、玉林市、巴中市、遂宁市、眉山市、雅安市、资阳市、宝鸡市、红河州、安顺市、玉溪市、庆阳市、黔东南州、西双版纳州	65
20＜得分≤40	银川市、贺州市、张掖市、西宁市	4
0＜得分≤20	金昌市、乌鲁木齐市、喀什地区、吴忠市、伊犁哈萨克自治州、石嘴山市、哈密市、昌吉回族自治州、武威市、平凉市、陇南市、中卫市、曲靖市、定西市、固原市、内江市、阿坝州、甘孜州、保山市、丽江市、迪庆州、山南市、咸阳市、延安市、榆林市、商洛市、嘉峪关市、酒泉市、白银市、临夏回族自治州、海东市、海北州、黄南州、海南州、果洛州、玉树州、海西州、克拉玛依市、吐鲁番市、博尔塔拉蒙古自治州、阿克苏地区、阿勒泰地区、乌海市	43
合计		119

六、政府运用数字工具进行治理指数

统计结果显示，西部地区政府运用数字工具进行治理（具体构成见附录指标权重部分）的表现水平基本可以划分为四个层级：以重庆市和四川省为首的两省（直辖市）进行了数字人民币试点、发放了消费券，同时各地政府出台相关政策文件支持数字金融的发展，故位于第一梯队；西部地区其余省份2/3及以上城市均采取发放消费券和出台政策文件两种方式支持数字金融发展，因此该指标位于第二梯队的城市占主导地位；剩余24座城市（占比19.3%）由于只采取发放消费券或出台政策的方式，该指标评级位于第三梯队；临夏回族自治州、玉树州和河池市该指标得分最低（见表2-9）。

具体分析，重庆市、四川省名列前茅，原因有二：一是国家政策支持，成都市作为首批数字人民币试点城市，带动四川省其他地市政府数字工具运用能力的提升。二是地方政府重视，两省所有地级市政府均出台文件支持政府数字工具运用，在消费券方面，2022年成都市消费券核销率达94.27%。贵州、陕西、西藏、新疆紧随其后：四省（自治区）旅游业较为发达，当地政府通过发放文旅消费券刺激文旅行业，因而四省（自治区）消费券发放指标得分较高，此外四省（自治区）大部分城市政府出台文件支持政府治理数字化，但两者作用效果没有数字人民币试点影响明显，为此，贵州、陕西、西藏、新疆四省（自治区）地级市排名落后于重庆市和成都市。广西和青海两省相对落后：两地仅60%左右城市的政府出台运用数字工具进行治理的政策文件，仅依靠发放消费券一种途径体现政府治理的数字化程度，故而得分最低。

表2-9 西部城市政府运用数字工具进行治理指数得分情况

分数段	城市	计数
80＜得分≤100	重庆市、成都市、自贡市、攀枝花市、泸州市、德阳市、绵阳市、广元市、遂宁市、内江市、乐山市、南充市、眉山市、宜宾市、广安市、达州市、雅安市、巴中市、资阳市、阿坝州、甘孜州、凉山州、昆明市、西双版纳州、西安市、南宁市	26

续表

分数段	城市	计数
60＜得分≤80	曲靖市、玉溪市、保山市、昭通市、普洱市、临沧市、楚雄州、红河州、贵阳市、六盘水市、遵义市、安顺市、毕节市、铜仁市、黔西南州、黔东南州、黔南州、拉萨市、山南市、宝鸡市、咸阳市、渭南市、延安市、汉中市、榆林市、兰州市、嘉峪关市、酒泉市、张掖市、金昌市、武威市、白银市、定西市、平凉市、陇南市、西宁市、海东市、海北州、黄南州、海西州、乌鲁木齐市、克拉玛依市、吐鲁番市、昌吉回族自治州、博尔塔拉蒙古自治州、阿克苏地区、伊犁哈萨克自治州、阿勒泰地区、银川市、石嘴山市、固原市、中卫市、呼和浩特市、包头市、乌海市、赤峰市、通辽市、呼伦贝尔市、乌兰察布市、兴安盟、锡林郭勒盟、阿拉善盟、桂林市、防城港市、贵港市、百色市	66
40＜得分≤60	—	0
20＜得分≤40	丽江市、德宏州、怒江州、迪庆州、铜川市、安康市、商洛市、天水市、庆阳市、海南州、果洛州、哈密市、喀什地区、吴忠市、鄂尔多斯市、巴彦淖尔市、柳州市、梧州市、北海市、钦州市、玉林市、贺州市、来宾市、崇左市	24
0＜得分≤20	临夏回族自治州、玉树州、河池市	3
合计		119

七、数字金融风险指数

数字金融风险指数（具体构成见附录指标权重部分）衡量了金融数字化转型过程中的风险发生的可能性，该指数为负向指数，得分越低说明数字金融发生风险的可能性越小。整体来看，西部12个省（自治区、直辖市）各城市数字金融风险水平较为集中，2022年观测结果主要集中在第二、第三、第四梯队上，尚未出现数字金融风险管理优秀和发生极端风险的情况（见表2－10）。

各省（自治区、直辖市）间数字金融风险指数排名情况如下：内蒙古自治区、云南省、陕西省、重庆市、新疆维吾尔自治区、广西壮族自治区、甘肃省、贵州省、青海省、四川省、宁夏回族自治区和西藏自治区。内蒙古自治区的风控水平超预期，在数字金融风险指数中位列第一，但省内得分较低的城市均为经济体量较小的城市，故而风险小的原因可能在于没有过多发展数字金融。四川省该指数排名靠后，位于省（自治区、直辖市）间第十名，主要原因在于四川省地级市数量较大，达到21个，是12个省份中地级市数量最多的省份，尽管成都市在其他省会城市中数字金融风险控制水平较高，位于省会城市第三，但不同城市间数字金融风险水平参差不齐，导致平均水平较为落后。在数字金融风险指数排名中，省会城市排名并未领先于非省会城市，主要原因在于省会城市的金融数字化转型规模更大、金融数字化产品更多，尽管金融机构和政府部门在风险防控上有所布局和行动，但相较于数字金融开展程度较小和尚未发展数字金融的非省会城市而言，数字金融发生的概率依然较大。对比省会城市间的相对排名可以发现，其相对排名顺序与其他指标间并无二致，前五位省会城市分别为兰州市、西安市、成都市、重庆市和昆明市，进一步说明省会城市对数字金融的发展是速度与质量并举。值得注意的是，位于第四梯队的城市达到23.53%，且均为非省会城市，这些城市数字金融发展体量有限，但发生数字金融风险的可能性却大于省会城市，说明其对风险的把控存在一定缺失和不足，数字金融发展依然存在较大的风险隐患。

表2–10 西部各省（自治区、直辖市）平均得分排名

省份（自治区、直辖市）	得分	排名
内蒙古自治区	41.29	1
云南省	47.35	2
陕西省	48.65	3
重庆市	52.88	4
新疆维吾尔自治区	53.16	5
广西壮族自治区	53.33	6
甘肃省	54.24	7
贵州省	56.32	8
青海省	56.71	9
四川省	61.25	10
宁夏回族自治区	61.52	11
西藏自治区	62.00	12

西部各省（自治区、直辖市）内数字金融风险表现情况比较类似，省会城市排名均位居省（自治区、直辖市）内中间水平，且在监管部门处罚案件总数上，省会城市基本少于非省会城市，说明省会城市在发展数字金融时更加注重发展的合理性、合法

性。但银川市和拉萨市的得分均为省(自治区、直辖市)内最高,发生风险的可能性较大,银川市表现在环境上的风险,而拉萨市则因为互联网企业经营异常比较高。省会城市中表现较好的有呼和浩特市和昆明市,两者作为省会城市但数字金融风险指数得分最低,为同省(自治区)内风险水平最小的城市,两地在分指标中的得分情况也较为类似,在监管部门处罚案件数上均表现较好,被处罚次数较少,但在环境关注度上都应值得注意,随着绿色发展理念的推进,越来越多部门开始关注环境变化带来的影响,数字金融发展也应当将环境因素考虑进来,避免异常环境对数字金融发展造成损失(见表2-11)。

表2-11 西部城市数字金融风险指数得分情况

分数段	城市①	计数
0＜得分≤20	—	0
20＜得分≤40	海南州、阿拉善盟、兴安盟、乌海市、巴彦淖尔市、锡林郭勒盟、乌兰察布市、赤峰市、金昌市	9
40＜得分≤60	博尔塔拉蒙古自治州、怒江州、榆林市、汉中市、白银市、丽江市、庆阳市、黔西南州、昌吉回族自治州、西双版纳州、渭南市、崇左市、呼伦贝尔市、宝鸡市、哈密市、德宏州、迪庆州、酒泉市、曲靖市、河池市、普洱市、保山市、玉溪市、鄂尔多斯市、包头市、安康市、红河州、百色市、阿克苏地区、咸阳市、临沧市、伊犁哈萨克自治州、昭通市、梧州市、贵港市、黔东南州、兰州市、通辽市、西安市、楚雄州、平凉市、贺州市、凉山州、定西市、成都市、六盘水市、眉山市、甘孜州、张掖市、武威市、桂林市、重庆市、昆明市、铜川市、来宾市、拉萨市、呼和浩特市、玉树州、乌鲁木齐市、延安市、玉林市、黔南州、克拉玛依市、广安市、攀枝花市、商洛市、贵阳市、柳州市、银川市、喀什地区、南宁市、资阳市、广元市、达州市、安顺市、海西州、西宁市、防城港市、钦州市、阿坝州、乐山市、果洛州	82
60＜得分≤80	临夏回族自治州、黄南州、吴忠市、石嘴山市、铜仁市、北海市、阿勒泰地区、陇南市、毕节市、泸州市、中卫市、绵阳市、德阳市、固原市、海北州、宜宾市、遵义市、自贡市、内江市、南充市、雅安市、山南市、巴中市、遂宁市、嘉峪关市、吐鲁番市、海东市、天水市	28
80＜得分≤100	—	0
合计		119

---

① 分数段内顺序越靠前,表示数字金融风险越小。

八、数字经济发展指数

数字经济发展水平指数（具体构成见附录指标权重部分）从数字型产业企业和网络零售额两个角度度量数字经济发展成效。西部119个城市的发展情况不一，差异较大，五个分数段均有分布，处于第五梯队的主要为新疆和青海非省会地区的城市，成都市、重庆市和西安市则位于第一梯队，其他城市主要处于第三、第四梯队。

除作为直辖市的重庆市外，西部其他省（自治区）数字经济发展指数平均排名依次为陕西省、四川省、贵州省、广西壮族自治区、云南省、西藏自治区、内蒙古自治区、甘肃省、宁夏回族自治区、新疆维吾尔自治区和青海省（见表2-12）。各省（自治区、直辖市）间数字经济发展水平差异较大，就平均水平来看，青海省与重庆市相差72.49分，与陕西省相差36.40分。西部地区省会城市该指数的得分情况主要位于第一和第二梯队，银川市和拉萨市略微落后，得分分别为59.21分和50.45分，处于第三梯队。具体而言，成都市作为我国西部地区重要经济中心之一，其借助自身经济优势、国家政策号召，大力推进数字经济发展，截至2022年底，成都市数字经济核心产业企业数量达到251217家，领先周边省会城市。昆明市作为南亚经济发展的辐射中心，通过数字经济发展带动大批出口贸易零售额。贵阳市借助大数据产业的发展，为大批企业提供了数字化转型的数据支撑，提升了企业运行和管理效率。南宁市、乌鲁木齐市、呼和浩特市和兰州市四个省会城市对应省份的地理位置相邻，城市经济发展水平相当，故而在该指数上的表现情况十分接近，分差不超过5分。值得注意的是，得分居前十二名的城市除绵阳市外均为省会城市（直辖市），超过宁夏回族自治区和西藏自治区的省会发展水平（见表2-13）。

表2-12 西部各省（自治区、直辖市）平均得分排名

省份（自治区、直辖市）	得分	排名
重庆市	87.53	1
陕西省	51.44	2
四川省	49.15	3

续表

省份（自治区、直辖市）	得分	排名
贵州省	45.67	4
广西壮族自治区	42.93	5
云南省	41.50	6
西藏自治区	41.49	7
内蒙古自治区	39.03	8
甘肃省	36.56	9
宁夏回族自治区	36.51	10
新疆维吾尔自治区	33.83	11
青海省	15.04	12

就省（自治区）内城市发展情况而言，在西部各省（自治区）内部，省会城市与非省会城市分值差距较大，各省（自治区）省会城市基本位于第一、第二梯队，而非省会城市得分分布有90.7%分布在第三、第四梯队。除贵州省、广西壮族自治区和内蒙古自治区外（贵阳市与遵义市分差为16.16分，南宁市和桂林市分差为11.99分，呼和浩特市和赤峰市分差为10.42分），其余省（自治区）省会城市得分均高于非省会城市20分及以上。尽管绵阳市数字经济发展水平已超过部分省会城市，但成都市与绵阳市分差也达到37.12分，这说明西部地区数字经济发展过程中，明显存在以省会为中心的空间集聚现象。造成此现象的原因主要是省会城市在经济发展、政策支持、人才供给等方面更优于非省会城市，因而在发展数字经济时更具有先发优势。

四川省绵阳市虽然是非省会城市，但该地区在支持全领域数字化转型方面成绩斐然。为加快建设中国特色社会主义科技创新先行区，绵阳市政府门户网站设立了数字政府窗口，绵阳市商业银行数字化转型和科技赋能将不断壮大，大数据、云计算、人工智能、区块链、人脸识别等科技在金融实务中的广泛运用……这些为绵阳市发展数字经济核心产业奠定坚实基础，指标得分位于西部非省会城市之首，超过呼和浩特市、银川市和拉萨市。

表2-13 西部城市数字经济发展指数得分情况

分数段	城市	计数
80＜得分≤100	成都市、重庆市、西安市	3
60＜得分≤80	昆明市、贵阳市、南宁市、乌鲁木齐市、绵阳市、呼和浩特市、兰州市	7
40＜得分≤60	咸阳市、银川市、达州市、乐山市、德阳市、宝鸡市、桂林市、自贡市、宜宾市、南充市、眉山市、柳州市、遵义市、赤峰市、拉萨市、渭南市、汉中市、延安市、泸州市、遂宁市、玉林市、钦州市、内江市、鄂尔多斯市、红河州、通辽市、包头市、曲靖市、榆林市、攀枝花市、安康市、西双版纳州、西宁市、黔南州、丽江市、黔东南州、毕节市、北海市、保山市、黔西南州、铜仁市、百色市、昌吉回族自治州、阿克苏地区、凉山州、玉溪市、商洛市、楚雄州、广安市、喀什地区、呼伦贝尔市、天水市、昭通市、广元市	54
20＜得分≤40	贵港市、伊犁哈萨克自治州、资阳市、巴彦淖尔市、河池市、张掖市、中卫市、六盘水市、安顺市、武威市、酒泉市、德宏州、阿坝州、白银市、雅安市、陇南市、平凉市、铜川市、梧州市、甘孜州、庆阳市、崇左市、防城港市、来宾市、普洱市、巴中市、乌兰察布市、锡林郭勒盟、山南市、定西市、临夏回族自治州、临沧市、吴忠市、兴安盟、贺州市、固原市、迪庆州、金昌市、嘉峪关市、哈密市、怒江州、克拉玛依市、石嘴山市、乌海市、阿勒泰地区、海西州	46
0＜得分≤20	吐鲁番市、海东市、博尔塔拉蒙古自治州、阿拉善盟、海南州、黄南州、海北州、玉树州、果洛州	9
合计		119

九、传统金融发展水平指数

从西部地区各个城市的传统金融发展水平指数（具体构成见附录指标权重部分）的得分来看，不存在得分在第一梯队的城市。得分在第二梯队的城市有12个，其中包含1个直辖市、7个省会城市。在西部传统金融发展水平指数中，重庆市位列第一，金融许可证持有量和金融机构贷款两个分指标中表现较为突出。成都市和西安市分别列居第二、第三，这两个城市的传统金融发展状况与重庆市相类似。得分在第三梯队的城市有83个，这些城市的地区生产总值增长率、金融许可证持有量和金融机构贷款3个分指标的得分均相对均衡，不存在极端现象，表明近年来西部城市的传统金融发展水平趋向于均衡发展。得分在第四梯队的城市有19个,这些城市整体发展逊色,在传统金融发展某方面具有一定的发展潜力,还有待进一步提升。得分在第五梯队的城市有5个,且这5个城市均属于青海省,而该省省会城市西宁市在西部地区的排名为第二十五,说明青海省金融发展水平差异较大,应该更加注重该省金融发展水平的提升,促进城市之间均衡协调发展(见表2-14)。

结合当前指数得分等级,具体分析传统金融发展水平得分在60~80分的城市。首先,重庆市作为我国四大直辖市之一,是西部地区的重要金融中心。近年来,重庆市不断完善金融政策和机制,吸引国内外的优秀金融人才到重庆工作,致力于建设一支高素质、专业化的金融人才队伍,为金融业的发展提供坚实的人力支持。此外,重庆市金融业还致力于提供更加便利和高效的金融服务,创新金融产品,为重庆经济发展注入新活力。2021年,中共中央、国务院印发了《成渝地区双城经济圈建设规划纲要》,致力于建设成渝地区双城经济圈。近年来,成渝地区双城经济圈经济实力、发展活力、国际影响力大幅提升,因此在地区生产总值增长、金融许可证持有量和金融机构贷款三个分指标中的表现均相差不大。西安市发展水平紧随其后。而在这一等级中的省会城市还有昆明市、银川市、贵阳市、呼和浩特市、南宁市,这些省会城市均具有不同的金融发展战略规划,例如,贵州省出台《贵州省"十四五"金融改革发展规划》,明确以"服务实体经济、防控金融风险、深化金融改革"三项任务为重点,为"十四五"时期贵州金融改革高质量发展作出系统谋划,并部署了四个方面15项重点任务,这一规划无疑对传统金融发展水平起到了不可忽视的引领作用。值得注意的是,2022年内蒙古自治区鄂尔多斯市的传统金融发展水平超过呼和浩特市,究其原因,是由于鄂尔多斯市作为内蒙古中心城市,在大力发展能源产业的同时,形成多元产业结构,带动金融业朝着高质量的方向发展。

表2-14 西部城市传统金融发展水平指数得分情况

分数段	城市	计数
80＜得分≤100	—	0
60＜得分≤80	重庆市、成都市、西安市、鄂尔多斯市、榆林市、昌吉回族自治州、昆明市、银川市、贵阳市、呼和浩特市、包头市、南宁市	12

续表

分数段	城市	计数
40＜得分≤60	乌鲁木齐市、绵阳市、兰州市、呼伦贝尔市、遵义市、宜宾市、赤峰市、曲靖市、咸阳市、钦州市、泸州市、桂林市、西宁市、凉山州、百色市、延安市、宝鸡市、达州市、德阳市、通辽市、平凉市、庆阳市、南充市、防城港市、乌兰察布市、汉中市、阿克苏地区、哈密市、陇南市、锡林郭勒盟、玉林市、渭南市、巴彦淖尔市、楚雄州、北海市、河池市、天水市、定西市、乐山市、伊犁哈萨克自治州、柳州市、兴安盟、眉山市、吴忠市、遂宁市、资阳市、武威市、崇左市、玉溪市、金昌市、酒泉市、白银市、红河州、保山市、昭通市、贵港市、吐鲁番市、安康市、张掖市、雅安市、黔东南州、喀什地区、毕节市、临夏回族自治州、来宾市、临沧市、商洛市、梧州市、铜川市、石嘴山市、自贡市、内江市、贺州市、中卫市、巴中市、广元市、铜仁市、攀枝花市、丽江市、黔南州、乌海市、克拉玛依市、六盘水市	83
20＜得分≤40	固原市、甘孜州、普洱市、阿拉善盟、广安市、西双版纳州、德宏州、嘉峪关市、阿勒泰地区、拉萨市、安顺市、博尔塔拉蒙古自治州、阿坝州、黔西南州、海西州、海东市、山南市、怒江州、迪庆州	19
0＜得分≤20	海南州、海北州、果洛州、黄南州、玉树州	5
合计		119

第三章 全国数字金融发展情况分析

第一节 中部、东部、西部发展对比

由于我国区域发展差异较为明显，各地数字金融发展各有千秋，通过分区域考察数字金融发展状况，可以更为全面深入地考察各地区发展水平及特点，有利于因地制宜构建各地区数字金融发展格局，完善数字金融治理体系，提升各地区数字金融助力实体经济能力，实现经济高质量发展。

本章参考上文中对城市所属梯队的划分，将第一、第二、第三、第四、第五梯队分别表示为 A、B、C、D、E 五个等级。本报告选取全国东、中、西部城市数字金融指数得分排名靠前的 30 个城市进行横向对比，入选的 30 个城市中，有 7 个城市属于 A 等级，其余城市均属于 B 等级，而且这些城市大多为各省（自治区）省会城市，而广东省、浙江省、江苏省等经济强省均有非省会城市入选（见表 3-1）。数字金融指数得分最高的 7 个城市中，东部城市有 5 个，重庆市和成都市这两个城市作为西部城市跻身数字金融发展的等级 A 列。数字金融发展指数排名前 30 的城市中，东部城市占据 20 个，西部城市有 6 个，而中部城市仅有 4 个（见图 3-1）。

综合来看，东部地区城市的数字金融指数得分情况要显著优于中部地区和西部地区城市。原因可能在于东部城市同时具有地理和政策双重优势，无论在数字金融发展基础、数字金融发展水平还是数字金融发展成效方面，均领先于中、西部地区城市。而中、西部地区城市积极围绕国家关于数字金融建设的布局规划，让数字经济赋能金融服务，充分发挥部分城市在不同领域的单项优势，推进数字金融高效平稳发展，从而缩小与东部地区城市的差异。

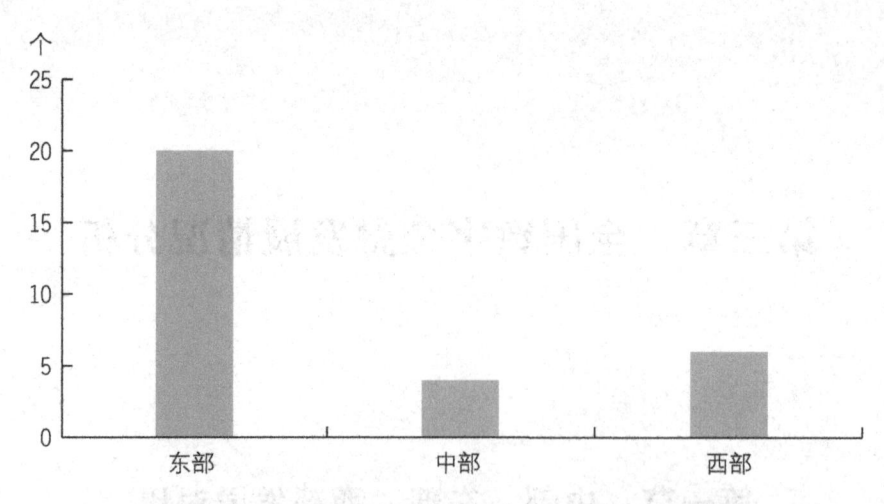

图 3-1　2022 年数字金融指数得分前 30 名城市分布情况

表 3-1　数字金融指数得分前 30 名城市分布情况

城市	等级	城市	等级	城市	等级
北京市	A	武汉市	B	厦门市	B
上海市	A	石家庄市	B	郑州市	B
广州市	A	西安市	B	贵阳市	B
成都市	A	昆明市	B	南宁市	B
重庆市	A	无锡市	B	常州市	B
杭州市	A	南京市	B	南昌市	B
深圳市	A	宁波市	B	济南市	B
苏州市	B	合肥市	B	长沙市	B
福州市	B	东莞市	B	青岛市	B
天津市	B	佛山市	B	绍兴市	B

一、东部地区

东部地区数字金融发展优于中、西部地区，数字金融指数得分 A 等级中，东部地区城市有 5 个，分别为北京市、上海市、广州市、杭州市和深圳市，前 30 名东部城市有 20 个入选。北京市、上海市和广州市数字金融各项指数表现均十分优异，数字金融总指数分别占据前三，且遥遥领先中、西部地区城市和东部地区其他城市。作为中国的首都和政治、文化中心，北京市拥有完善的数字化基础设施建设，为北京市的金融数字化转型提供了稳定的保障。东部地区其他城市在政府服务数字化、数字人才供给、数字经济发展等不同领域均有出色表现。在全国数字金融指数排名中位于第四的杭州市，在 2022 年底出台了《杭州市深化数字政府建设实施方案》，以数字政府建设助推数智杭州发展，因此杭州市数字金融发展水平得分较高，达到 83.05 分，全国排名第四。作为国内最早关注和支持金融科技发展的城市之一，深圳市紧随杭州市之后，位次排名第五。深圳市在国家发展战略支持下，依靠自身优势，形成了较为完善的金融科技生态体系，聚焦于区块链、大数据、人工智能等前沿技术，成为全球重要的金融科技中心，数字金融风险得到有效监管和化解，数字金融发展成效表现优异，位列全国之首（见表 3－2）。

表 3－2　东部城市数字金融指数得分情况

城市	得分	等级	排名	城市	得分	等级	排名
北京市	86.71	A	1	南京市	72.27	B	16
上海市	83.62	A	2	宁波市	72.17	B	17
广州市	82.62	A	3	东莞市	71.86	B	19
杭州市	80.80	A	6	佛山市	71.60	B	20
深圳市	80.62	A	7	厦门市	71.16	B	21
苏州市	78.14	B	8	常州市	70.07	B	25
福州市	75.15	B	9	济南市	69.45	B	27
天津市	75.03	B	10	长沙市	68.47	B	28
石家庄市	73.90	B	12	青岛市	68.44	B	29
无锡市	72.95	B	15	绍兴市	68.30	B	30

二、中部地区

中部地区数字金融指数整体得分相对落后于东部地区，但中部地区城市的得分情况相对集中，均属于 B 等级这一档，整体发展水平更加均衡。具体而言，武汉市在数字人才储备和政府运用数字工具进行治理两个三级指数的表现都位于前列，武汉市政府一直倡导"百亿名校计划"和"高校集聚发展战略",不断加大对高校发展的扶持力度和投入,使得武汉成为国家高校建设的主要承载地之一,持续不断培养数字化高等人才,拥有良好的数字金融发展基础。安徽省陆续推出"金融支持科创企业成长计划",并在合肥市设立"金融科创试验区",针对不同成长期科创企业不同的金融需求,积极引导金融机构提供差异化定制服务,有利于促进科创企业成长。为了全面推进数字经济发展,增强发展新动力,推动郑州市经济社会高质量发展,郑州市政府印发实施了《郑州市加快数字经济发展实施方案(2020—2022年)》。自此,郑州市十分重视数字经济的发展,致力于构建数字经济新业态,努力将郑州市建设成为中部地区的数字"第一城"。中部地区入选的省会城市中,武汉市位列第11。相较而言,中部地区各项得分较为均衡,中部地区城市应充分利用自身优势追赶东部地区(见表3-3)。

表3-3 中部城市数字金融指数得分情况

城市	得分	等级	排名
武汉市	74.17	B	11
合肥市	72.01	B	18
郑州市	70.71	B	22
南昌市	69.74	B	26

三、西部地区

西部地区数字金融发展呈现出不平衡的特点。成都市和重庆市的数字金融指数得分属于A等级,且在全国排名中位列前5名,西安市和昆明市位列全国前15名,贵阳市和南宁市分别位于第23名、第24名(见表3-4)。成都市数字金融发展基础、水平和成效得分均居全国前列,证明数字金融发展措施成效显著,具有良好的数字金融转化率。重庆市数字金融发展前景广阔,近年来,重庆市十分注重数字化人才储备,特地出台《重庆市教育事业发展"十四五"规划(2021—2025年)》。西安市出台的《关于加快新时代教育改革发展建设教育强市的实施意见》和《西安市基础教育提升三年行动计划(2019—2021年)》等一系列政策文件,并提出"分类施策"措施,在义务教育、职业教育、高等教育、社区教育等领域大放异彩。截至2022年,西安市已合作共建大数据学院,建成3个阿里云大数据应用学院和开放共享实验实训基地,相关举措有利于数字人才的储备。贵州省始终坚持"科技驱动、价值创造",应用"数字技术"实现效能提升,工商银行贵州省分行与当地农业局联手打造农村集体产权综合服务信息化管理平台,丰富线上线下一体化金融服务,使得贵阳市在"金融科技企业的服务水平"领域表现较为突出。

表3-4 西部城市数字金融指数得分情况

城市	得分	等级	排名
成都市	82.28	A	4
重庆市	81.89	A	5
西安市	73.64	B	13
昆明市	73.49	B	14
贵阳市	70.44	B	23
南宁市	70.40	B	24

第二节 案例分析

一、北京:全面服务金融业数字化转型,多场景建设数字金融新高地

(一)案例概况

北京作为中国的首都,金融业发展一直备受关注。在过去几年里,北京金融业呈现出蓬勃发展的趋势,成为中国乃至全球金融业的重要中心。北京是科技创新中心,是国家金融管理中心,在经济、金融、数字经济三个方面均具有得天独厚的叠加优势。

首先,北京金融业在各个方面都取得了显著的成绩,构建了较为完善的支持金融业发展的基础设施,夯实了数字金融发展的基础支撑。从金融机构的数量和规模来看,北京拥有众多的银行、证券公司、保险公司等金融机构,其中不乏国有大型金融企业和跨国金融机构。这些机构为北京提供了强大的金融支持和服务能力,推动了经济的稳定增长。北京市还积极采用大数据、物联网、区块链、人工智能、5G等新型数字技术,互联网普及率、网络利用率等均较高,提高了北京市数字基建水平,为金融业的蓬勃发展营造了良好的金融生态氛围,将北京市搭建成为较为完善的数据中心。其次,

北京市金融业在金融创新方面表现出色。近年来，北京金融科技企业蓬勃发展，成为全国金融科技创新的重要中心之一。通过技术创新和数字化转型，北京金融业推出了许多创新产品和服务，如移动支付、网上银行、财富管理平台等，不仅提高了金融效率，也为市民和企业带来了更加便捷的金融体验。北京市数字人民币已经进入全域试点，目前在数字政务、绿色金融、商业赋能、支农惠农等领域已落地一批标志性项目，赋能首都经济社会高质量发展，未来人民银行营业管理部将继续扎实推进北京市数字人民币试点，持续扩大数字人民币应用覆盖面。在金融监管方面，北京市也在不断探索与创新金融监管体制，在人民银行支持指导下，北京市于2019年12月在全国率先启动金融科技创新监管试点，也就是俗称的"沙箱监管"，这一举动标志着北京市正在加速建设全球金融科技中心。另外，北京金融业在国际化方面取得了显著进展。根据2022年中国城市国际化指数排名情况来看，北京以其在经济、文化、社会、环境等方面的国际化水平，继续位居榜首，其国际化指数得分达到了98.5分，比上一年得分提升了0.2分。北京作为中国的政治、文化和国际交往中心，具有较强的吸引力和影响力，吸引了大量国际金融机构的进驻。这些机构在北京设立分支机构，为本地企业提供金融支持，同时也促进了北京金融市场的国际化程度，为外商投资提供了更多机会。最后，北京金融业也面临一些挑战。北京金融业规模庞大，具有基础设施较为完善、数据技术较为超前等优势，但正是由于金融业服务群体庞大，在金融监管和风险管理方面提出了更高要求。金融机构需要加大风险防范力度，提高内部管理水平，以应对金融市场的不确定性和风险；尽管北京金融业在技术创新方面取得了很多成果，但在金融服务的普及和覆盖程度上还有较大差距，数字金融服务的普惠性仍需加强，亟须在乡村和中小微企业方面加大数字金融服务的力度，根据企业和个人用户对数字金融的需求情况，结合其实际发展现状，提供更加多样化和灵活的金融产品和服务，最大程度提高数字金融的普惠性，保持金融服务实体经济的初心和使命，真正做到让数字金融惠及大众的宗旨。

展望未来，随着金融科技的飞速发展，趁着经济增长的春风，迎着金融改革的红利，北京市金融业将继续发挥在中国和全球金融体系中的重要作用，为经济稳定增长、金融健康发展、全球和平共处贡献一份力量。

（二）案例内容

北京自2015年提出"国家大数据战略"以来，积极响应数字经济战略部署，顶层设计和相关产业配套政策密集落地，数字经济规模快速增长，发展水平处于国内首位，在数字基建、数字技术资源、数字产业、数字贸易等领域发展优势明显，在数据交易市场培育、数字融合带动价值提升、数据安全治理体系建设等方面效果显著。在国家高度重视数字经济发展的战略背景下，北京数字经济发展进一步提速前行。面对未来已来的数字新时代，北京提出"建设全球数字经济标杆城市"，这一建设目标，是基于全球科技创新中心功能的主动战略选择，也是适应数字时代区域竞争变化的客观要求，是北京主动构筑未来竞争新优势的战略"先手棋"。

从北京市硬件基础设施建设来看，在数字基础设施建设方面，北京市数字新基建加快推进，构建了高速发达的互联新型网络设施。2021年，北京市新基建投资同比增长26.4%[1]，5G、数据中心等新基建加速建设，提前实现首都功能核心区、城市副中心、重要功能区、重要场所的5G网络覆盖，此外，北京市不断推进构建高带宽、广覆盖的空天地一体化网络体系，建设国际领先的新一代超算中心、新型数据中心、云边端设施等数据智能基础设施，不断完善支撑跨境数据流动、数据交易等领域的安全防护基础设施，为数字经济发展奠定了强大的基础。截至2022年10月底，北京市建成并开通5G基站7.3万个，占移动基站总数的25.0%，每万人拥有5G基站数33.1个，居全国首位[2]。推动智慧城市基础设施建设，"一网、一图、一云、一码、一感、一库、一算以及大数据平台"构建的"七通一平"基础设施建设全面启动。高级别自动驾驶示范区1.0阶段建设基本完成。在数据要素资源方面，北京市率先积极探索开放式共享机制，持续推进资源要素的汇聚。北京市将政务数据和社会数据不断融合，率先推出金融公共数据专区，将共计247亿余条数据无条件地共享给全市51个部门、全市区以及经济开发区，为中小企业信贷融资提供数据支撑。同时，北京市还率先建成基于自主知识产权的数据交易平台（IDeX系统），成立全国首个国际数据交易联盟。

从北京市发展水平成效来看，在金融领域，2022年北京金融业实现增加值8197

---

[1] 北京市统计局，国家统计局北京调查总队. 北京市2021年国民经济和社会发展统计公报［EB/OL］.（2022-03-01）［2023-06-23］. https：//tjj.beijing.gov.cn/tjsj_31433/sjjd_31444/202202/t20220228_2618115.html.

[2] 北京市通信管理局. 总经理座谈会 | 踔厉奋发交答卷 勇毅前行开新局 北京市信息通信行业总经理座谈会召开［EB/OL］.（2022-11-29）［2023-06-23］https：//bjca.miit.gov.cn/zwgk/tzgg/art/2022/art_343916ff887f4a829574b6d127319bb4.html.

亿元，同比增长6.4%，高于全国平均水平。北京金融业占地区生产总值比重达到19.7%[①]，创历史新高。随着金融领域改革开放的持续推进，北京国家金融管理中心功能不断完善，市场发展潜力不断扩大。北京金融产业多年保持高速增长，从2013年到2022年，十年间金融增加值从3247.5亿元增长到2022年的8197亿元，年平均增速超过10%，2020—2022年，在受新冠疫情影响的情况下，仍能保持7%~8%的增长率。金融产业已经成为北京市支柱产业之一，地区生产总值占比从2013年的15.4%增长到2022年的19.7%。北京是国家金融决策管理机构所在地，在2023年9月3日中国国际金融年度论坛上，北京市委常委、副市长靳伟表示，北京金融资产的总量超过了200万亿元，约占全国的一半，汇集了大量的中外资金融机构和国际金融组织。值得一提的是，国内最大的证券新设资产管理公司中信证券资产管理公司，全国首家外资独资新设券商渣打券商等金融机构纷纷落户北京。分区域来看，北京金融产业主要集聚在中心城区，西城区拥有地理位置和人才资源、机构资源优势，产业以高附加值的金融业为主导，其地区生产总值以3088.7亿元位居榜首，金融在地区生产总值中占比达到54.2%，而丰台区、顺义区的发展取得了一定的成果，成为金融新兴增长点。从北京金融园区建设的角度来看，北京市主要金融园区有16个，占地约3280亩，16个园区共计入驻9062家企业，其中西城区金融大街商务区占地面积最大，为1276亩，企业数1661家，金融港现有企业数量最多，为3545家。在资金资源方面，北京是全国的资金汇聚地。据中国人民银行初步统计，2022年末，我国金融业机构总资产为419.64万亿元，同比增长9.9%，北京金融资产总量超过200万亿元，约占全国的一半。因此，可以发现，在北京市，传统强势的金融区域仍保持高速和高质量增长，而新兴金融区域也在不断涌现，随着国家金融开放政策的进一步落地，北京对金融产业的大力扶植，金融产业从规模和质量上必然还将持续增长，金融产业在中心城区聚集的同时，必然也会向他区外溢，各区凭借各自优势，走出多元化的发展道路。在数字经济领域，北京市数字经济占比全国领先，数字经济增加值由2015年的8719.4亿元提高至2022年的17330.2亿元，占地区生产总值比重由2015年的35.2%提高至2022年的41.6%，占地区生产总值比重位列全国第一，其中数字经济核心产业占据主导地

[①] 北京市统计局，国家统计局北京调查总队. 北京市2022年国民经济和社会发展统计公报[EB/OL]. (2023-03-21) [2023-06-23]. https://tjj.beijing.gov.cn/tjsj_31433/sjjd_31444/202303/t20230320_2940009.html.

位，核心产业增加值为9958.3亿元，增长7.5%。这一系列成绩得益于北京市统筹新型基础设施布局、促进本市高技术产业投资快速增长的发展规划，为数字经济赋能新发展。2023年，北京市地方金融监管局副局长在全球数字经济大会上表示，北京作为国家金融管理中心，高度重视数字金融的发展，坚持以服务实体经济为根本宗旨，注重激发"金融+科技+数据"要素形成的倍增效应。金融业和信息服务业已成为首都两大支柱产业，全市数字经济占地区生产总值比重超过40%，金融业占比超过20%，金融业数字化转型特征十分明显。数字金融是构建数字经济体系的重要支撑，推动数字经济发展已成为全球趋势。北京市将以深化数字产业化和金融数字化为主线，聚焦供给侧和需求侧双向发力，发挥金融改革和金融开放协同效应，建设全球金融科技创新中心，推动首都金融业高质量发展，服务金融业数字化转型，加强应用场景拓展和对接，强化监管科技应用。

(三) 创新特色

当前，新一轮科技革命和产业变革深入发展，数字技术正深刻改变着生产方式、生活方式和社会治理方式，成为引领经济社会发展的重要力量。《北京市"十四五"时期金融业发展规划》（以下简称《规划》），对"十四五"时期北京国家金融管理中心建设提出了明确发展方向和任务措施，《规划》提出，到"十四五"期末建成与大国首都地位相匹配的现代金融体系，为国家金融核心竞争力的增强提供有力支撑和坚实保障。《规划》更加突出了首都金融这一重要特征，提出北京市要坚持首善标准，始终走在金融改革开放前列，在金融发展质量、金融服务效率、金融安全保障上保持高标准、高水平，将国家金融管理中心的巨大势能转化为推动首都金融高质量发展的强大动能。在数字金融发展上，北京市高度注重激发"金融+科技+数据"要素形成的倍增效应。在数字经济领域发展上，北京市进行了有益探索，包括发布全国首个金融科技创新发展的指导意见和专项规划、建设全国唯一的一个国家级金融科技创新示范区、建设金融领域的数字专区等多个方面，全力打造全球数字金融标杆城市。为推动金融高质量发展，北京市深化数字产业化和金融数字化，在全面服务金融业的数字化转型、加强应用场景拓展和对接、强化监管科技等三个方面持续发力。

1. 数字人民币试点向全市域全场景推广

2022年冬奥会数字人民币在北京冬奥会精彩亮相，试点工作进而从冬奥向全市域全场景推广。北京市推动数字人民币在更多场景试点应用，拓展数字金融场景应用体验，持续推动移动支付产品的协同发展，聚焦普惠金融、养老服务、农村金融需求，在公共服务、生活消费、社会民生等重点领域，建设一批具有示范意义的数字金融应用场景，提升数字金融的服务成效。到2023年第一季度末，北京市已在数字政务、绿色金融、商业赋能、支农惠农等领域落地一批标志性项目，赋能北京市经济社会高质量发展。数字政务方面，通过为"北京市预算管理一体化系统"升级数字人民币代发功能，率先实现以数字人民币形式为"专精特新"企业、退役军人发放财政补贴；绿色金融方面，实现在北京市碳排放权电子交易平台上进行碳交易时使用数字人民币结算的功能；在商业赋能方面，以教培机构预付资金场景为切入点，利用数字人民币智能合约生态服务平台，实现预付资金管理，有效保障预付资金安全；在支农惠农方面，为中储粮财务公司落地数字人民币发放收粮项目，实现收粮款项的全流程支付结算和业务管理，有效缩减农户收款周期，降低农户资金成本。同时，作为人民银行首批指定的数字人民币运行机构，北京银行积极推进数字人民币创新实验室建设，深化场景创新与生态融合，与华为等技术厂商围绕"智能车联网"等前沿领域合作，持续开展技术研发和场景落地。北京银行还高度重视并积极参与数字人民币试点工作，明确了"以数币链接全业务场景、以开放模式构建金融新生态的'数币银行'"发展战略，致力于为客户提供安全、高效、便捷的数字人民币金融服务。2023年以来，"数币银行"建设全面提速并取得积极成效，数字人民币基础能力和服务水平持续提升，"数币校园""数币园区""数币医疗"等多场景、个性化数字人民币金融服务方案得到不断完善。截至2023年第一季度末，北京累计实现数字人民币交易额超9000万元。

2. 强化监管科技应用，推进"监管沙箱"先行先试

作为地方金融监管部门，北京金融监管局在国家金融管理部门的指导下，为数字金融时代监管制度建设提供支撑。早在2019年12月，在人民银行支持指导下，北京市在全国率先启动金融科技创新监管试点，也就是俗称的"监管沙箱"。通过深化金融科技创新监管工具等"监管沙箱"机制试点，助力监管部门对金融科技创新开展穿透式监管，按照业务实质实施市场准入和持续监管，筑牢金融与科技的风险"防火墙"。中国版"监管沙箱"自启动以来，从"局部试点"到"多点开花"，从"金融机构"到"科技公司"，从"地方试验"到"行业实践"，不断体现出中国"监管沙盒"的特色。

"监管沙箱"机制试点，即北京地区率先开展的金融科技创新监管试点，推动了

金融风险管理技术和算法创新，有助于北京市建设多层次数字金融的风险防控体系，并着力优化产业发展生态。2020年1月14日，北京首批创新应用向社会公示，已累计公示了3批次共计22项应用，在创新应用数量、技术应用场景及申请主体多元化方面保持全国领先。2021年4月，在前期分阶段征集金融科技创新应用的基础上，北京金融科技创新监管工作组向社会公告开展创新应用长期征集工作。在2023新京报贝壳财经夏季峰会上，北京市地方金融监管局介绍，北京地区已累计发布5批26个金融科技创新监管工具试点项目，推动6个项目率先完成测试；同时，在全国率先开展了资本市场金融科技创新试点并发布首批16个项目。北京市首批试点项目中3个属于"监管科技类"、2个属于"合规科技类"、6个属于"行业平台类"；技术应用涉及大数据、云计算、人工智能、区块链等新一代信息技术，以及安全多方计算、联邦学习、云原生、信创等复合交叉技术应用；业务场景包含智能投顾、智能运营、智能交易、智能风控、智能营销等资本市场各类业务领域，全面展现了北京市金融科技的全国引领效应。而"监管沙箱"机制的先试先用，有利于金融科技企业的聚集和发展，对北京市建设国际一流的金融科技生态、形成具有全球影响力的金融科技产业具有重要意义。

3. 数字驱动金融领域营商环境优化，建立健全数字金融新范式

移动互联网时代是传统金融向数字金融转型的第一推动力，数字金融包含着特定的硬件基础。金融必须接受科技的改造，科技本身也会直接进入到金融领域。在这一过程中，人工智能等新兴技术成为支撑数字金融安全、高效发展的硬件基础。近年来，北京市积极引进数字化、区块链、大数据等前沿技术，建设了全国首个国家级金融科技示范区，集聚了一批金融科技领域的顶级智库和龙头企业，人民银行数字货币研究所、国家金融科技认证中心、国家数字金融技术检测中心、国家金融标准化研究院、金融网关、网联清算等一批重要基础设施机构在北京落地。北京将突出数字经济、数字金融、监管科技等重点，打造具有全球影响力的金融科技创新中心。

北京市还建立了金融科技应用场景发布机制，鼓励持牌机构开放金融场景需求，支持科技领军企业踊跃对接，针对传统金融痛点、堵点、盲点，创建金融科技应用场景，研究并提出数字金融解决方案。此外，北京市还建设了北京金融科技研究院、北京立言金融与发展研究院、北京前沿金融监管科技研究院，与智源人工智能研究院、微芯区块链研究院、雁栖湖应用数学研究院等新型研发机构进行跨域合作，协同开展金融科技底层技术、通用技术、监管技术联合攻关。随着金融科技的不断创新，北京

立志把西城区打造成国际一流的金融科技示范区。2022年11月，在北京前沿金融监管科技研究院等联合发布的《2022全球金融科技中心城市报告》中，北京连续四年成为全球金融科技中心城市总榜榜首。

《北京市"十四五"时期金融业发展规划》指出，要加强金融科技研发创新，促进数字金融成果转化。鼓励各高等院校、科研院所、新型研发机构等开展数字金融基础理论研究和大数据、隐私计算等前沿底层技术攻关，积极开展数字化技术研发合作和产品服务创新，激发成果转化活力。在优化营商环境方面，2019年4月，北京银保监局指导北京市银行业协会，联合相关部门及辖内机构，正式启动北京金融综合服务网建设。多年来，北京金融综合服务网不断扩机构、增功能、拓场景，围绕优化营商环境与便民利企"两大主线"，立足服务金融消费者、服务金融机构、服务政府部门"三个服务"，逐步打通北京市政府部门与金融机构间的数据"大动脉"，在服务市民百姓、促进首都发展、优化营商环境、提高政府效能方面取得显著成效。

（四）启发

1. 以金融服务实体经济为数字金融发展的宗旨和使命

北京市坚守金融服务实体经济的初心，通过丰富数字金融产品供给和服务渠道，为小微金融、农村金融、供应链金融、绿色金融、无障碍金融等服务提供多选择、高质量的解决方案，助力提升金融普惠性和绿色能力。北京市积极推动数字金融发展，合理合规应用数字技术、数据技术，帮助传统金融机构创新业务模式，同时稳妥推进监管科技等领域创新的思路，能够成为全国其他地区的数字金融发展的标杆。

2. 以基础设施建设为重要责任，夯实数字金融发展的基础支撑

金融基础设施在连接金融机构、保障市场运行、服务实体经济、防范金融风险等方面发挥着至关重要的作用，其建设和发展水平直接关系到能否更好发挥金融功能、推动我国经济高质量发展。要加强对重要金融基础设施的统筹监管，统一监管标准，健全准入管理，优化设施布局，健全治理结构，推动形成布局合理、治理有效、先进可靠、富有弹性的金融基础设施体系。

3. 以数字化转型为发展方向，激发金融机构数字化经营活力

把握数字经济发展趋势，引导金融机构加强数智化管理和经营思维，构建敏捷化组织体系，设立科技专营部门或法人主体，增强运用数字技术进行风险监测和分析预警的能力，提升金融业综合实力和核心竞争力。建立健全数字金融科技成果转化体系

和金融科技成果转化奖励机制。同时，营造金融科技与产业发展深度融合的生态环境，鼓励产业生态与科技生态的数字平台打造，支持新兴金融机构数字化转型。

4. 以金融安全为发展底线，护航数字金融健康发展

坚持金融活动全部纳入监管的原则，加强数字金融行为治理，引导市场主体正确树立科技伦理理念，有序开展数据资产和数字资产等确权、定价、交易有关研究和业务创新，严厉打击以创新名义开展的市场炒作和非法金融活动，防范由此衍生的金融风险。

二、上海：数字金融助力建设"数字之城"

2022年8月，上海市经济和信息化委员会正式发布《数都上海2035》白皮书，深入解读了上海全面推进城市数字化转型的重要意义、内涵目标、建设领域、行动原则，全方位勾勒上海未来的转型方向。上海作为中国金融中心，数字经济在推动它从中国的金融中心向世界的金融中心迈进的过程中，也同样起到了重要的推动作用。

当前，各行各业最大的变局，是新一轮数字化革命全面改变了人类的生产、生活方式。其中，以5G、物联网等为代表的新技术，正在加快实现万物互联，带来无限创新潜力。对于城市而言，衡量一个城市发展的标准有很多，从根本上取决于城市建设的理念、基础和格局，一个明显的变化是，科技在城市建设上占的分量举足轻重。可以说，未来城市的高度，在很大程度上取决于能否深度融入数字化，进而全面提升城市的运行效率。

始终站在改革浪潮之上的上海，如今站在"数字之城"的浪尖。《关于全面推进上海城市数字化转型的意见》显示，上海提出到2035年成为具有世界影响力的国际数字之都。"数字之城"的建设，离不开功能完备、产品丰富的金融系统，金融业的数字化变革将更好服务经济社会的数字化转型发展。因此，在上海新一轮数字化浪潮中，数字金融也迎来发展机会。

对于上海经济而言，金融行业起着举足轻重的作用，金融业已成为上海经济增长的重要支柱。作为全球金融基础设施和金融要素市场最齐备的城市之一，上海集聚了无数全球金融机构、各类交易市场和一批关键的金融基础设施，与全球金融机构联结广泛，近年来上海国际金融中心的辐射力和全球影响力持续增强。上海正加快"硬核"数字技术攻关突破，包括开展跨境贸易、工业互联网、供应链金融、区域征信等

重点领域赋能应用；推动通用人工智能大模型创新发展，本土人工智能（AI）企业发布语言大模型和生成式人工智能（AIGC）产品级应用，"MOSS"大模型上线开源，支持企业积极布局大模型研发和垂直领域应用。

2022年，上海电子信息制造业产值达到5746亿元，同比增长1.7%；软件和信息技术服务业营收达到14238亿元，同比增长8.7%。上海开展了资本市场金融科技创新试点，数字人民币应用全国领先，大数据普惠金融2.0累计开放超1000项数据，信贷投放超过3800亿元。在推进数据要素市场建设方面，上海数据交易所自2021年11月25日揭牌成立以来，场内交易日趋活跃，数据基础制度不断创新，数商生态加速成势。截至2022年12月底，数据产品累计挂牌超过800个，交易额超过3.4亿元，其中1—5月完成交易额2.3亿元，已超过2021年全年并呈现持续加速态势。在生活数字化转型方面，上海建成了25个生活领域重点场景，涵盖医疗、教育、养老、文旅、交通等日常生活的方方面面。以医疗领域为例，上海打通诊疗各环节数据，实现精准预约30分钟内就诊，首诊挂号全市号源，111项检验、检查项目全市互认；同时，在全国率先实现医保于急救车上结算，医保账户家庭共济全市覆盖①。

（一）上海市数字金融发展实践

1. 抓好公共应用服务

上海市高度重视数字化、网络化、智能化对城市发展的引领作用，城市治理体系不断完善，实现了围绕群众高效办事的"一网通办"和围绕政府高效处置的"一网统管"，以"两网"并行为抓手，推进数字政府建设。

"一网通办"助力上海政务信息化发展。上海的"一网通办"经验作为经典案例被写入联合国发布的《2020年联合国电子政务调查报告》，在联合国全球城市电子政务评估排名中，上海也位列前十。作为上海首创的政务服务品牌，"一网通办"已两次被写入国务院《政府工作报告》。"随申办"作为"一网通办"移动端的超级应用，截至2023年6月已接入了教委、公安、民政、人社、卫健、医保等50余家市级部门和16个区的1541个政务服务事项。

"一网统管"加速城市运行系统互联互通。"一网统管"囊括城市运行、事件响

---

① 黄景源. 上海数字经济核心产业规模已超5500亿元，建成25个生活数字化转型重点场景[EB/OL]. (2023-06-20) [2023-06-23]. https://new.qq.com/rain/a/20230620A0A34T00.

应、平安城市、生态环境等诸多领域。上海市依托电子政务云，加强各类城市运行系统的互联互通，全网统一管理模式、数据格式、系统标准，形成统一的城市运行视图，推动硬件设施共建共用，加快形成跨部门、跨层级、跨区域的协同运行体系。新冠疫情期间，上海市利用"一网统管"实现重点旅客精准布控，防止境外疫情输入。同时，"一网统管"为上海市应对突发情况、实时响应、跨层级联动做出了较大贡献。

两网并行，上海智慧城市建设实现精细化领域覆盖。为推动政务服务和城市管理更加科学化、精细化、智能化，上海市横向打通了公安、卫生等22个部门的33个系统数据，纵向推动了市、区、街道、村居四个层级的信息整合，实现了围绕群众高效办事的"一网通办"和围绕政府高效处置的"一网统管"。

2. 创新数字化金融服务

随着数字科技的深入发展，"数字中国"逐步驶入"快车道"。《中华人民共和国国民经济和社会发展第十四个五年规划和2035年远景目标纲要》明确提出"打造数字经济新优势"，强调"促进数字技术与实体经济深度融合，赋能传统产业转型升级，催生新产业新业态新模式"。近年来，上海智慧城市建设不断深入，上海银行业推出的各项数字化应用也已逐步渗透到区域服务、政务服务等城市治理领域。

其中，工商银行上海市分行对接上海国际贸易"单一窗口"平台数据，实现企业报关与贸易结算信息的数据互嵌；在同业内率先完成跨省缴税试点测试及生产验证工作，并落地了涵盖跨区域公共交通、特色商圈、生态旅游等在内的数字货币支付场景。农业银行上海市分行参与上海市政府"两张网"智慧政务建设，建设推广代理财政收付业务系统、统发工资业务系统和财政自助柜面业务系统，试点上线"警银通"系统并参与上海市第一中级人民法院"集资诈骗案件被害人信息核对登记平台"建设。

在提高普惠金融服务水平和经营效率的同时，上海银行业的数字化转型也在不断深入社会民生服务。为解决百姓看病就医时的"三长一短"痛点问题，交通银行上海市分行在业内首创了"交银e办事·惠民就医"服务，为上海市医保参保用户提供原则上不低于每人5000元的就医专项信用额度。中国银联推进云闪付APP与上海市政府"随申办"政务服务平台、财税平台等对接，打造银联长三角一体化政务服务专区，上线上海个人社保费用缴纳、交通违法在线处理、信用报告、疫情政策查询等高价值便民服务场景，并独家提供银联B2B（企业与企业之间）网银支付，实现个人和中小企业在线便捷付款。

此外，银行传统的授信模式注重企业固定资产或其他抵押物，不适用于大数据时代崛起的以数据资产为主的互联网公司，上海银行发布"基于可交易数据资产的循环授信方案"，基于上海数据交易所平台用户上挂的数据资产，在线完成授信额度核定和数据资产交易融资等操作。中国银行上海市分行创新研发"中银企E贷"系列产品，在依法合规和风险可控的前提下，通过挖掘和分析企业及其法定代表人行内外数据信息，依托风控模型及策略对客户进行综合评价，向小微企业提供线上化的贷款服务体系。

3. 大力推广数字普惠金融

从国内来看，普惠金融贷款主要包括小微型企业贷款、个体工商户经营性贷款、小微企业主经营性贷款、农户生产经营贷款等，通常中国金融监管机构将1000万元以下授信额度认定为小微企业标准。以往银行贷款更多依赖人工审核，因为成本较高，小微企业要想拿到贷款困难重重，伴随数字化转型，依托数据平台，银行可以实现在线审核，大幅降低成本，使得普惠金融的实现有了可能性。

目前，交通银行上海市分行在农业数字化转型和金融支持乡村振兴方面取得积极进展。例如，在上海市农委支持下，该行依托金融科技优势，与某农业科技公司合作推出线上融资产品"农户e贷"，利用市农业生产信息直报系统和"上海征信"数据为本地农户进行信贷评价，为小微农户提供贷款支持。"农户e贷"的推出既有效弥补当前市场上此类产品的空白，更实现了一种数据应用与多方合作的业务模式创新。

此外，针对普惠客群金融需求"小而散"的特点，交通银行上海市分行依托金融科技力量，不断推进产品体系与业务流程创新。在做好"普惠e贷"等标准化线上产品推进工作的基础上，其立足上海本地特色推出了外贸贷、"科技e贷"等多项场景定制产品。

与此同时，浦发银行上海分行也正积极强化金融科技和数字普惠。助企纾困方面，2022年，浦发银行上海分行积极参与监管部门的无缝续贷业务试点工作，累计投放无缝续贷业务237亿元，惠及客户6672户，为持续经营的小微客户大幅简化续贷手续和流程，并累计投放纾困融资229亿元，惠及客户4214户[①]。浦发银行上海分行还通过数字化手段提升企业开户服务的便捷性，积极强化金融科技和数字普惠，提升小微企

---

① 王蕙蓉. 以科技手段填平信息鸿沟，上海大力推广数字普惠金融 [EB/OL]. （2023-08-21）[2023-08-21]. https://www.thepaper.cn/newsDetail_forward_24264872.

业融资便利度，例如，该行运用在线供应链融资、在线保理等创新在线融资模式，依托核心企业、核心平台，为上下游小微企业提供无纸化、在线化、实时化的快速融资。

从行业分类来看，科创企业也是目前银行业普惠金融的重要服务对象之一。

上海农商银行科技金融事业部于2022年6月正式揭牌，成为上海地区银行业首个总行级的科技金融事业部，通过"鑫联贷"产品方案，针对早中期科创企业的融资特点提供更具获得性、负担性、可持续性的金融服务。截至2022年末，上海农商银行已累计服务科技型企业近6000家，覆盖服务上海市超过33%的专精特新中小企业和近50%的专精特新"小巨人"企业，科技型贷款规模712亿元[①]，科技型企业贷款户数超过2460户。

4. 探索数字人民币多元化试点场景

当前，数字经济的发展离不开安全普惠的新型零售支付基础设施。我国数字人民币是一种零售型央行数字货币，主要用于满足国内零售支付需求。目前，在全国范围内，数字人民币在批发零售、餐饮文旅、教育医疗、公共服务等领域已形成一大批涵盖线上线下、可复制可推广的应用模式。

截至2022年8月，上海银行已实现商户收款、医疗场景支付、党费缴纳和数据交易合同款项支付等服务，未来将结合智能合约拓展更多数字人民币应用方向，如供应链金融、普惠金融等。

自2021年起，交通银行上海市分行积极围绕四大类场景探索数字人民币试点应用。出行方面，交通银行上海市分行和强生出租、大众出租、临港新片区的氢能源公交线、中运量公交示范线、吉祥航空、春秋航空、申通地铁等合作，在多个交通场景开通数字人民币支付功能。零售方面，该行帮助上海多个餐饮、商超连锁品牌全覆盖数字人民币收单业务。在医疗方面，交通银行上海市分行与益丰大药房、国药大药房等连锁药店，以及上海市第六人民医院、中山医院等合作落地数字人民币支付场景，并首家参与上海市便捷就医服务2.0场景建设，在现有便捷就医服务的基础上增加数字人民币支付功能。民生方面，该行和上海市就业促进中心合作，利用数字人民币智能合约功能向帮扶群众发放全国首笔数字人民币的就业岗位补贴，并实现了一些企事

---

① 王蕙蓉. 以科技手段填平信息鸿沟，上海大力推广数字普惠金融[EB/OL]. (2023-08-21)[2023-08-21]. https://www.thepaper.cn/newsDetail_forward_24264872.

业单位、政府机关职工的餐费、交通费数字人民币补贴发放。

数字人民币作为新兴事物，需要各个运营机构携手推动，需要营销资源、财务资源支撑，组织活动进行普及。从个人端来说，数字人民币的支付特性就是小额、高频和稳定，围绕这样的支付特性举行活动，培育客户的日常交易行为，可以提高数字人民币钱包交易的活跃度。数字人民币的未来发展方向是发挥其法定货币的作用以及其智能合约的数字化编程特性，如在开展货币桥项目等跨境支付方面起到作用。作为一个国际性城市，上海地区试点数字人民币的重点可能在于跨境交易，也就是怎么让数字人民币在更多跨境的场景中去使用。

（二）上海市数字金融发展的特点分析

上海市数字金融发展的特点可以概括为：抓服务，稳创新，强普惠，重基础。抓服务指的是紧抓公共应用服务，数字金融围绕群众进行发展，推动政务服务和城市管理更加科学化、精细化、智能化，为公共服务提供了更好的基础与平台。稳创新指的是实现更多关键技术突破，提升服务实体经济的能力和水平，实现更多金融科技产品创新，推动金融科技中心建设迈向更高水平。同时，上海还在不断加快金融数字化转型，持续推动金融科技应用，使得金融机构有机会创新数字金融服务模式，推动金融服务高水平转型。强普惠指的是促进金融科技产业集聚，吸引和培育国际领先的金融科技企业，促进金融与科技深度融合、联动发展，加强金融科技研发和数字技术应用，整合产业链、供应链、价值链等上下游数据，打造资金和信息闭环，促进数字产业化和产业数字化。重基础指的是稳步推进数字人民币试点，丰富数字人民币应用场景，加强金融信息安全保护，建立完善金融科技风险防范机制和推进监管科技发展，推动数据资源开放共享，依法有序丰富金融科技数据资源。

（三）上海市数字金融发展启示

1. 不断加强数据基础保障与数据安全保障

上海市通过大数据中心推进了全市公共数据集中统一管理和治理，通过公共数据的共享共治，为数字治理打下坚实的基础。上海市将数据要素作为数字治理的核心基础，2020年底公布的《关于全面推进上海城市数字化转型的意见》指出：以数据要素为核心，形成新治理力和生产力。以城市治理与民生服务为导向，全闭环、系统性优化数据采集、协同、共享、应用等各流程环节，推动公共数据和社会数据更大范围、更深层次开放共享；建立健全数据要素市场，最大化发掘数据价值，进一步提升社会生产力和运行效率。

信息安全、隐私保护，是网络用户最关注的问题之一。上海市"一网通办"不断加强制度、管理、技术三道"防火墙"建设，特别是对于用户相关数据，确立了三条基本原则，即坚持按职能权限调取数据的"最小够用"原则，坚持必须获得法律或个人授权才能使用数据的"授权使用"原则，坚持公民敏感信息必须先脱敏后使用的"脱敏"原则，以此确保"一网通办"信息数据不会发生被盗、泄露等事件。

2. 完善上海数字金融型企业征信体系

为进一步解决信息不对称问题，建议对税务、市场监管、海关、环评等数据提供接口，并鼓励企业自主披露信息，帮助金融机构有效获取具有公信力的企业非财务信息，使企业征信体系更有效地反映企业真实经营情况。结合征信体系建设，建立联合信息平台，发挥园区在征信平台中的作用，强化大数据运用。金融机构可引入科学、量化的风险管理手段"打分卡"模型，以加快融资决策效率，提高对企业真实情况判断的准确性、统一性和自动化程度，降低科技企业融资成本，更高效地服务科技企业。

3. 加大政策支持，金融监管宽严并济

上海数字金融发展应以"政府引导、市场主导"为核心，将科技企业的补贴资金作为引导资金，激发数字金融创新主体的创新力和创造力。金融监管机构应提高一定的容忍度，给商业银行更多的创新空间，对其不良率考核予以差异化设定，对科技信贷不良率予以单列并进行折算系数处理。同时，严厉打击各种以数字金融创新为伪装的金融诈骗行为，加强对个人隐私和数据的保护。相关管理部门在加强市场监管的同时，应对设立科技小额贷款公司、科技银行、科技担保公司等的新型数字金融机构及时办理工商登记，推进多证合一、加快全程电子化，提高管理部门的行政服务效率。

4. 立足金融科技发展，打造世界级数字金融中心

大数据是金融业的基础资源，是金融服务开展的核心支撑。金融科技作为未来全球金融发展的先进生产力、竞争制高点和核心竞争力，其本质是金融与科技作为创新手段。未来，各种各样的金融活动、交易活动均离不开金融科技的全面支撑，通过金融科技拓展金融服务的边界、效率和体验，依托大数据技术的运用，可以形成更多的价值增长点。金融科技必将是上海全球金融中心建成的重要支撑，也是上海赶超其他国际金融中心的关键因素之一。上海立足金融科技发展，强化金融科技赋能，构建金

融机构和科技公司的多平台接入，推动全要素金融科技产业的集聚，打造创业有基础设施、创新有研究设计、终端有场景应用的金融科技全产业链，支持和引导开展全球金融科技资源流动，全力打造具有世界影响力的国际数字之都。

三、杭州：发挥数字优势，引领数字金融发展潮流

数字金融是数字技术驱动的金融创新，它在本质上是运用现代科技成果改造或创新金融产品、经营模式、业务流程等，推动金融发展提质增效。数字金融与互联网金融、金融科技等概念既有联系又有区别，它们都借助数字化技术，将互联网"开放、平等、协作、分享"的精神渗透到传统的金融行业，但数字金融更凸显与其他业态的深度融合，更注重数字赋能服务实体经济和群众生活，更强调推动金融业态重塑、模式重塑、制度重塑和服务重塑。

数字金融是金融产业未来发展的战略性方向，也是数字化改革进程中金融发展的新内涵。杭州数字经济的快速发展为数字金融产业发展提供了强大的生态环境与完备的基础设施条件，而随着技术与金融的深度融合，数字金融日益成为数字经济的重要组成部分，并服务支持数字经济、实体经济发展。

杭州不仅催生和培育了金融科技公司蚂蚁金服，更有铜板街等一批原生态金融科技企业迅猛成长，在各细分领域形成了很强的竞争力与影响力，模式、技术、市场日趋成熟，它们正成为移动支付、大数据风控、区块链、人工智能等领域的生力军。

相较北京与上海，金融并非杭州的强项，全球数字金融中心能花落杭州，正是杭州快速发展的金融科技实力的体现。当前，数字化浪潮席卷全球，以数字经济为标志的新一轮科技和产业革命正在重塑全球经济结构。大数据、云计算、人工智能、生物识别、区块链等互联网"新科技"不断推动"新金融"迭代升级，金融科技已成全球金融创新的新热点。近年来，杭州在互联网C端与金融创新领域异军突起，正是在以大数据、云计算、人工智能、生物识别、区块链等互联网新科技与传统金融耦合过程中所形成的金融科技，托起了杭州创新优势，推动了数字经济"弯道超车"，也让杭州成了全球金融创新高地。

（一）杭州数字金融产业发展的现状分析

杭州作为数字经济先发地区，发展数字金融具有扎实基础和有利条件。目前，数字金融产业初具优势。

1. 产业创新先发优势突出

在浙江大学发布的《2020年全球金融科技中心城市报告》中，杭州位列全球第六，与深圳并列中国第三，其中金融科技体验值居全球城市第一。杭州通过加强服务、完善配套、优化布局等，培育了数字征信领域蚂蚁信用评估公司，支付结算领域连连科技，区块链技术领域趣链科技、云象科技，大数据征信与风控领域邦盛科技，智能投顾领域恒生电子、同花顺等企业发展。

2. 数字化转型成效明显

近年来，国有银行、股份制银行纷纷在杭州开展数字金融创新试点，杭州银行等法人银行及非银机构探索运用金融科技改造传统业务和拓展普惠金融服务能力，取得初步成效。浙商银行在业内率先将区块链技术应用于银行核心业务，显著降低融资成本，提升整个产业链竞争力。浙江网商银行通过卫星遥感技术结合AI模型算法助力解决"三农"问题，助力乡村产业振兴。数字金融的快速发展突破了传统银行业的业务模式和服务方式，成为杭州金融发展的又一发力点。

3. 重大项目相继落地产出

目前，亚洲唯一世界银行全球数字金融中心已经签约落地杭州，国内首家中外合资银行卡清算机构——连通（杭州）技术有限公司扎根杭州，浙大互联网金融研究院、中钞区块链技术研究院、全球金融科技创新实验室等一批国际领先的数字金融研究服务平台应用落地，西溪谷互联网金融小镇、滨江金融科技小镇、全国首个区块链产业园高起点谋划打造。

4. "普惠民生"不断推进

以解决"融资难""融资贵"问题为抓手，不断完善"杭州e融"金融综合服务平台，截至2020年底，累计入驻企业6.8万家，成功撮合融资759亿元。通过支持手机Pay、二维码、无感支付、生物识别支付等多样化发展，形成了政务、医疗、交通、教育等多领域覆盖，手机支付生活缴费、线上信用还款、公交移动支付、地铁手机购票、高速收费移动支付等多项应用"全球首发"。

（二）杭州数字金融产业同时也面临着不少"成长的烦恼"

1. 从产业和技术角度来看

杭州市数字金融企业偏重于互联网应用场景层面或业务模式上的创新，在数字金融领域硬核科技、关键技术、核心专利等基础创新领域有所不足。

2. 从平台和人才角度来看

政产学研的多方联动平台为数字金融产业发展、影响力提升提供了强有力的支撑，但缺乏具有影响力、集聚化的国际交流合作平台矩阵；虽然杭州市人才流入量领先全国，但领军人才与高端智库储备相比北京、上海、深圳等地仍存在结构性短缺。

3. 从政策和生态角度来看

创新和监管的平衡是目前数字金融领域最薄弱的环节，表现为创新衍生的操作运行与监管的缺失缺位，创新带来的道德风险与法律滞后等。

（三）杭州数字金融新现象

近年来，杭州金融业持续提升供给能力，做强服务实体经济高质量发展的"硬支撑"。2021年，全市实现金融业增加值2189亿元，增速6.4%，占地区生产总值12.1%。2021年12月末，全市存款余额达到6.1万亿元（2001年末杭州各家银行各项存款余额2621.1亿元），贷款余额5.6万亿元（2001年末杭州市金融机构各项贷款余额2087.7亿元），排名全国第五[①]。同时，保费、证券和期货交易额均居全国前列，资本市场活力全国领先，上市公司总数达262家，排名全国第四，金融综合竞争力稳居全国各大城市前列。

近年来，人民银行浙江省分行先后出台金融支持乡村振兴、科技创新、山区26县发展等实施意见，构筑支持共同富裕示范区建设的"1+N"金融政策体系，并且在金融系统开展"首贷户拓展、中小微企业金融服务能力提升工程、百地千名行长进民企送服务、个体工商户融资破难行动"等行动，推动小微企业融资拓面增量。2022年8月末，杭州市民营企业贷款余额15602.42亿元，比年初新增1541.68亿元，贷款余额增速13.9%；新增涉农贷款1002.98亿元，贷款余额增速17.97%；小型企业和微型企业贷款较年初分别增加758.55亿元、415.02亿元，贷款余额同比分别增长12.43%、30.6%。

支持实体经济，推动普惠金融，成为金融强市，为实现金融服务精准触达，杭州金融业已不是简单依靠自办"物理网点"和"人海战术"，而是发挥金融科技作用，注重锻造以数字赋能为核心的服务能力提升。通过强化数字金融赋能，打造金融科技

---

① 沈杭. 数字化转型下的杭州金融新现象 [EB/OL]. (2022-09-30) [2023-06-23]. https://www.financialnews.com.cn/qy/dfjr/202209/t20220930_256763.html.

创新发展高地，成为杭州金融的"新现象"。

2019年，"杭州e融"金融综合服务平台正式发布，企业通过网页端或手机端进入"杭州e融"，经简单操作后，即可完成注册及认证。已认证的企业可快速有效发布自己的定向或公开融资需求。通过数字技术，"杭州e融"会进行智能撮合，为企业匹配到相应的金融产品，并在线"一键申办"，让企业得到及时有效的金融支持。同时，"杭州e融"还会实时发布最新政策、金融机构动态等最新信息，成为企业的"金融助手"。平台通过对企业信用相关数据专业化归集处理，构建包含工商、税务、社保、公积金、司法等30个部门数据的"金融主题库"，为银行的企业授信提供信用数据支持。平台运用数字化改革成果，持续提升资源配置效率，目前已累计服务企业15.3万家，撮合融资总额超1700亿元，授信金额1000万元以下的贷款占比达96%以上。

中国银行浙江省分行于2019年10月专门成立个人数字金融部，设立数字化平台中心，协调和全面推进个人金融条线业务管理和数字化转型，建设运营远程智慧银行中心，统筹大数据平台建设与应用。截至2022年8月末，该行对私全量金融资产日均余额5371.41亿元，全量客户数1652.90万人，手机银行月均活跃客户数327.63万户。

工商银行浙江省分行为加大对乡村振兴的支持力度，自主研发"工银数贷通"平台，对外打通农业农村厅数据大脑、税务系统农户缴税电子发票等涉农服务基础信息数据库，对内连通总行智能征信平台数据库，建立智能风控模型，实现农户"一次不跑、无感授信、一触即贷"的便捷融资服务功能。工商银行浙江省分行已通过对接亲农在线、浙农码、禹上金扁担、慧办税等各级政府数字化服务平台，面向仙居杨梅、西湖龙井茶、安吉白茶、浦江葡萄等农业场景构建涉农数字产业链服务生态。"农户e贷""农企e贷""农机e贷""村社e贷"……这些"e"系列融资产品，有着"准入自动化+调查标准化+决策智能化"的敏捷流程，个个自带数字化基因，农户通过工行手机银行快速申请，惠农融资足不出户、分秒到账。截至2022年8月末，工商银行浙江省分行涉农贷款余额近4200亿元，较年初新增813亿元，在工商银行系统内位居全国第一。

中信银行杭州分行聚焦线上化、智能化的产品开发和流程改造，积极推广"互联网+政务+金融"服务新模式运用，相继开发了一系列线上化产品。截至2022年8月末，分行通过供应链模式已服务支持15家优质核心企业的上下游供应商及经销商线上化信用贷款，帮助中大型核心企业提高市场地位；同时，通过e贷类线上化产品，共解决了716家小微企业资金周转的燃眉之急，共计发放贷款金额14.46亿元。

浦发银行杭州分行强化数字科技在汽车金融业务领域的运用，推出汽车供应链金融项下的自动开立银票业务、新能源车企直销模式项下的在线支付结算服务、在线自动赎车业务等，并通过嵌入"浦车智联"系统，以聚合、高效、安全的方式实现高智能、高效率和好体验。截至2022年9月23日，其已与吉利、零跑等头部车企建立业务合作，服务相关经销商超150户。

浙江农商联合银行联合省农业农村厅全面上线"浙农经管"应用，覆盖全省2万多个村社、1270万农户，系统日活跃度超6万人次。运用大数据小微贷技术推动小微贷流程和制度的变革重塑，面向个人推出"浙里贷"数字信用贷款，在丰收互联手机银行实现贷款"1分钟操作、1秒到账"，授信覆盖全省县域1/3家庭；面向企业创新开发"小微E贷"和"小微速贷"产品，累计服务小微企业25.16万户，其中首贷户4.38万户。通过数据驱动，已完成全省37.7%户籍人口的授信，数字贷款余额4545亿元。

2020年4月，杭州获批成为金融科技创新监管试点城市之一，引导持牌金融机构、科技公司申请创新测试，着力提升金融服务实体经济水平。杭州结合自身特色和发展实际，坚持发展与规范并重，在审慎监管的前提下，鼓励金融机构和金融科技企业守正创新。

自2022年9月22日起，首批9家银行机构的APP上线应用杭州地铁乘车码，用户进入杭州地铁闸机时，只需打开银行APP，将乘车码对准扫码口，即可完成支付。早在2018年，人民银行杭州中心支行在全国首创地铁移动支付联机交易模式，实现银行业移动支付在地铁领域的应用突破。

杭州的移动支付在普及率、覆盖广度、服务深度等各方面排名全国第一，被誉为全球最亮眼的移动支付之城。同时，杭州不断深化"移动支付之城"建设，提升支付便利化水平，积极构建应用场景建设，推动机构之间场景的开放共享，实现移动支付在政务、医疗、交通、旅游、校园、停车等民生领域的全覆盖。2021年，全年共发生移动支付217.1亿笔、金额29.03万亿元，同比分别增长34.15%、42.47%。

2017年12月，杭州市在钱塘江论坛上首次提出要打造国际金融科技中心，并且获得了当地金融部门的积极支持。根据规划，杭州将重点支持智能移动支付、数字普惠金融、金融信息系统技术（IT）服务与智能投顾、分布式金融服务等相关领域优势产业及其应用的创新发展，继续保持杭州在移动支付市场的领先地位，积极推动持牌金融机构数字化、科技化转型，形成杭州金融科技产业"技术＋市场"的领先优势和面向未来的业态结构，把杭州打造成为国际金融科技产业与应用的集聚地。

数字化正在不断引领和壮大杭州金融服务经济和社会发展的本领，积极探索创新金融产品与服务模式，激发市场主体的活力，将数字化与高质量发展建设共同富裕示范区同频共振，助力杭州经济社会发展，奋力打造金融助力共同富裕的浙江样本。

（四）杭州市数字金融启示

杭州市要依托全省新兴金融中心建设，聚力发展数字金融核心技术、基础设施、重点产业，加快金融机构数字化转型，培育发展一批具有重要影响力的新兴金融机构、要素交易场所、配套服务机构，形成开放、合作、共赢的数字金融产业生态体系，为全省、全国乃至全球提供更高质量、更有效率、更加普惠的数字金融服务。

1. **推动数字金融创新与应用广覆盖**

完善以企业为主体的金融创新体系，加强产学研用联合攻关，积极推动浙江大学等在杭高校加强数字金融学科建设与人才培养，探索多学科交叉培养新模式。全力支持西湖大学、之江实验室、湖畔实验室、阿里达摩院等一批有影响力的科研平台和智库机构建设，力争把杭州打造成为国际数字金融研发与创新策源地。推动金融与民生服务系统互联互通，拓宽金融科技在金融服务、产业服务、生活服务、社会服务等领域的广泛应用，依托"城市大脑"建设"杭州金融大脑"，赋能"数智杭州"建设。

2. **打造数字金融产业集聚高地**

推动建立数字金融企业孵化园或产业园区。全力稳固在移动支付市场的领先地位，支持连连科技、PingPong能等"隐形冠军"企业进一步探索多元化支付清算服务。规范发展数字普惠金融，助力发展移动支付、智能投顾等优势产业，支持运用数字技术服务小微企业、民营企业、"三农"、低收入群体等。创新发展金融IT服务，支持财经信息资讯、金融专用设备、金融软件系统、网络服务及信息安全等企业引进、集聚与发展，培育和扶持具有国际竞争力的云计算核心企业，支持金融机构与区块链技术企业合作，共同开辟创新应用场景。

3. **构建金融科技产业链和生态圈**

鼓励行业龙头企业营造良性企业生态。扶持金融科技初创企业、小微企业快速成长，支持金融机构与优质金融科技公司加强合作，优势互补。支持本土金融科技企业在国内外证券市场上市，争取国内外金融科技领域的知名企业在杭州设立中国总部。

4. 健全完善数字金融政策支持

尽快制定和完善一整套既具有针对性和竞争力，又能够落实到位、行之有效的财政税收、人才引进、资本扶持、行业监管政策措施，推进多层次资本市场服务体系建设和重点数字金融企业扶持，加快税收、人才、融资等体制机制与国际先进标准接轨。争取人民银行等金融监管机构政策激励、资源要素支持，推动落实央行数字化货币创新试点。

5. 扩大产业国际影响力

与上海国际金融中心优势互补、协同发展，推动与上海合作意向框架落地，搭建起数字金融领域信息、人才、技术、资本等创新要素的自由流动和优化配置的快速通道。引导金融机构和数字金融企业积极响应国家"一带一路"倡议，主动参与eWTP（世界电子贸易平台）国际合作平台建设，拓展境内外应用场景。实施优势金融产业"走出去"战略，支持优质企业获取国内外金融牌照，承办优质项目，创新跨境移动支付、跨境结算等金融服务。打造具有国际影响力的金融品牌论坛峰会，研发数字金融指数产品，发布数字金融发展报告。

6. 深化金融监管数字化实践

持续完善现代金融监管体系，防止资本无序扩张，深化金融科技创新监管试点，提升风险防控处置能力。落实平台领域有关金融整改工作，推进"监管沙盒"试点，探索"沙盒监管""冒烟指数"等新兴监管科技实践，加强监管科技在风险防范和处置方面的应用与落地。支持各类机构充分利用数字技术构建健全风险预警指标体系，支持金融科技企业加强与监管部门和金融机构的合作，不断推进数字金融和监管科技的研究与应用。

7. 加快推进金融机构数字化转型

推动持牌金融机构结合自身实际进行金融科技创新架构和发展策略的顶层设计，鼓励其他各类金融机构利用数字化手段创新金融服务。支持并推动构建以杭州银行为龙头的开放银行架构，形成杭州数字金融产业"技术+市场"的领先优势和面向未来的业态结构。支持金融机构依托在杭开展金融科技业务的优势条件，设立所属机构总部的数字金融中心。

四、重庆：多部门联合行动，助力数字金融全面均衡发展

重庆是国家重要先进制造业中心、西部金融中心和西部国际综合交通枢纽、国际门户枢纽，"两中心、两枢纽"相辅相成，促使重庆立足本土特色，聚焦金融数字化转型，赋能重庆经济高质量发展。重庆市数字金融发展成果显著，数字金融发展基础、发展水平和发展成效三个方面表现良好，均位于全国前十，尤其在数字金融发展成效方面位居全国之首。重庆在数字金融人才培养、金融机构数字化转型和监管部门数字化治理等方面取得多项西部乃至全国第一的成绩，数字金融发展成效显著。

（一）重庆银行——数字化智能营销

1. 案例概况

随着互联网科技公司推出的非银行金融产品不断发展，传统的银行营销模式已经难以与之竞争。因此，全国各地银行已经形成共识，通过数字化手段提升客户服务质量，加大数字化转型投入，并从战略层面推动数字化转型的顶层设计。在这样的背景下，重庆银行关注到行内存量客群在使用金融服务时面临的问题，并进行了系统性思考。结合中台服务理念，重庆银行打造了营销中台运营体系，为数字化营销奠定了坚实基础。这一创新性举措有助于更好地满足客户需求并提升服务质量，同时也为银行自身的数字化转型提供了有力支撑。

2. 案例内容

重庆银行的营销运营体系以互联网运营管理平台为核心，该平台将数据转化成有效信息高效利用，实现前中后台流程贯通，赋能前线的业务人员，给客户提供更优的体验和更好的服务。互联网运营管理平台主要从个性化推荐、内容管理、批量营销和实时营销四个模块发力。

（1）个性化推荐

重庆银行的个性化推荐系统为客户提供精准的金融产品和服务，通过算法分析客户客群的不同需求，为一线业务人员提供策略推荐，帮助业务人员更好地了解客户需求。同时，客户的反馈信息也被记录下来，作为后续决策的重要参考。在移动互联网时代，针对手机APP用户的个性化推荐尤为重要，通过将客户所需的金融产品、活动或权益在显眼位置进行推荐，使客户能够更快速便捷地参与和使用。

(2) 内容管理

作为银行，仅仅了解客户是远远不够的，传达给客户的内容媒介也至关重要。优质的内容营销管理能够有效地管理各种营销素材，支持模板化配置营销内容、效果预览、页面埋点设置以及数据监测。这大大减少了以往开发动态内容所需的时间，并提高了业务的自主能动性。同时，优质的营销内容可以代表银行发出声音，有效促进营销转化。银行也可以通过营销内容与客户产生互动，捕捉更多的商机并获取潜在客户。

(3) 批量营销

重庆银行互联网运营管理平台采用整合化、智能化、敏捷化和自动化等技术来实现批量智慧营销。首先，该平台提供了一站式营销活动管理，实现全渠道闭环管理，支持营销标签管理、客群圈选与洞察、活动配置、权益配置、渠道执行跟踪、活动评估等。其次，通过建设业务需求，持续丰富预测型客户标签，更加精准地刻画和理解客户画像，通过前端渠道分发至业务同事，动态精准洞察客户。建立活动资源池，利用数据评估，对全量营销活动优先级进行全局排序，用数据辅助营销决策，减少人工干预。再次，提供易用性强的营销迭代测试工具，有效提升活动迭代效率，加快市场响应速度，支持对照实验（AB测试）和快速活动迭代。最后，已完成自动化对接各权益、渠道、产品和数据平台，通过实时触发机制，实现营销活动自动运行。

(4) 实时营销

在精细化耕作的时代，传统的批量营销策略已无法满足业务发展需求。因此，根据客户需求开展个性化、差异化的实时营销已成为数字化运营的必然趋势。重庆银行在营销过程中，根据不同的渠道和客户特征提供差异化服务，及时向客户准确推送信息和活动进展提醒，以增强客户参与活动的意愿。对于客户服务和经营，不仅需要极高的质量，更需要精准把握交互的时间窗口。重庆银行面向实时需求，实现针对不同时刻和不同需求的及时营销服务，以提供灵活及时的营销服务。这种择时而动的策略可以帮助银行更好地满足客户需求，提高客户满意度，进而提升业务效益。

通过数字化转型之智能营销探索，重庆银行有效提升了客户量、客户活跃度及产品转化率。截至2022年12月31日，重庆银行手机银行个人客户达177.47万户，较

2021年末增加29.66万户；累计交易767.35万笔，较2021年同期增加107.97万笔[①]。

3. 案例创新

（1）营销核心能力复用与营销资源服务共享

重庆银行通过构建营销共享能力中心，将行内分散的运营数据和营销资源进行集中整合，将客群洞察、智能决策、精准预测等核心能力复用至各个前端渠道，推动业务的数字化运营协同。该模式建立了面向全客户、支持全业务、覆盖全渠道的运营服务流程，为客户提供"一点接入、全网响应、体验一致、高效顺畅"的高品质共享服务。

（2）可扩展自生长的一体化数字运营体系

重庆银行建立了唯一的智能营销中台，该平台是开放、可扩展和自生长的。它将不断储备业务所需的技术能力，引入更多数据维度，研发新的算法模型，搭建更多分析指标，促进运营与产品服务的深度融合。此外，该平台实现了全行各业务系统运营资源的有效互联互通，并建立了一体化的营销运营交互体系。

4. 案例启发

（1）数字化和个性化成为客户交互关键，客户服务模式全面升级

在商业银行数字化转型的下一阶段，客户覆盖模式将出现差异化。覆盖的类型除人工参与的全渠道服务模式外，还包括线上化、数字化的远程覆盖模式。相比传统覆盖模式，银行可以更好地根据客户需求匹配客户价值和服务成本。以客户关系为核心，即运用客户画像，根据客户需求进行个性化、定制化设计，实现"千人千面"服务。

（2）用数字化和大数据分析技术等赋能一线，提升产能

数字化技术可以从两个方面为一线工作提供支持。一方面，数字化工具可以帮助前线员工更好地了解和理解客户需求，并将这些需求反馈到客户经理的工作台，从而实现全业务和全流程的覆盖。这确保了客户经理能够实时掌握客户的情况，并做出相应的决策和行动。另一方面，数字化工具还可以将一线工作的过程反馈到后台，通过对这些数据的可视化评估，衡量客户经理的营销效果。这使银行可以确保客户经理向客户提供标准化的营销服务，从而提高营销效率和效果。

---

① 重庆银行.2022年度报告（A股）[EB/OL].（2023-03-30）[2023-06-23]. http://www.cqcbank.com/cn/tzzgx/cwxx/yjbg/ndbg/index.html.

(3) 敏捷建模赋能业务，应对复杂多变的前端业务场景

未来，互联网运营管理平台将被广泛应用于各大银行和金融机构，平台的更新迭代也将更加敏捷。实现全自动化数据建模流程非常重要，即数据通过采集加工被放入存储器中存储，基础平台可以通过存储数据进行全自动化数据建模，建模成功后会被存储起来用以营销平台决策，赋能业务前线。这将为银行提供更加高质量的个性化服务。

(二) 重庆农村商业银行——全方位小微数字化金融服务体系

1. 案例概况

重庆农村商业银行（以下简称"重庆农商行"）始终坚持"服务'三农'、服务中小企业、服务县域经济"的市场定位，积极履行市属金融国企责任担当，聚焦民营、小微企业融资需求，发挥金融科技"自建团队、自主研发、自创产品、自有技术"的"四自"模式优势，持续倾斜资源，建立全方位小微数字化金融服务体系，破解小微客户融资难、融资贵问题，倾力把金融"活水"引向民营、小微实体经济，增加有效金融供给。

2. 案例内容

全方位小微数字化金融服务体系，通过打通线上服务渠道，推进线下小微营业机构数字化服务升级，为小微企业提供便捷服务入口；以数字化手段优化和改造小微客户旅程，提供"线上开户""自助签约""自助支用""自助续贷"等"一站式在线自助通办"服务；构建小微信贷数字化风控闭环，广泛接入外部数据源，结合银行自身数据，制定小微企业全风险评估策略，消除银行和企业之间的信息不对称问题，推进贷后管理数字化，创设覆盖信用、担保、票据及特色化领域的数字化小微信贷产品，实现对小微客户全生命周期覆盖，让不同行业、不同类型、不同发展阶段的小微企业客户都能享受到契合其需求的融资服务。

(1) 整合渠道，提供数字化服务入口

一方面，重庆农商行通过线上渠道打通平台接入层，基于"重庆农商行云"私有化金融云平台，统一交易流程、统一客户管理、统一产品服务，充分运用互联网和移动互联相关技术，全面拓展和整合行内网上银行、手机银行、微信银行等线上渠道，提供体验一致的线上小微金融服务。同时，接入人民银行重庆营管部"长江渝融通"融资服务平台、"一网通办"政府服务平台等行外平台，企业可通过重庆市"渝快办"

政务服务平台、"长江渝融通"申贷二维码办理开户、信贷业务，为企业提供了更多的线上服务渠道。

另一方面，重庆农商行提升金融服务数字化水平，在小微企业集中区域成立17家小微专营支行，设立小微专属办贷机构900余家，打造民营小微企业和个体工商户金融服务港湾70余个[1]。运用金融科技手段，升级打造科技小微支行，提供人脸识别取号、扫码取号、预约预填、客户画像等功能，打通微银行小程序、柜面系统、厅堂平板电脑、个人金融服务平台、大数据、核心、人脸、知识库等渠道、业务、数据和智能化系统，构建起线上线下融合、客户体验智能、联动营销精准的数字化小微服务网络。

（2）优化和改造小微客户旅程

对小微企业账户从开立到签约、支用、续贷的客户旅程进行数字化改造，不断简化业务办理手续和流程。根据人民银行《关于做好小微企业银行账户优化服务和风险防控工作的指导意见》精神，重庆农商行重构了对公账户开户流程，于2020年3月推出了"渝账通"账户服务。通过线上录入开户信息、提交证照资料、视频开户意愿确认等步骤，实现了开户、企业网银和智能柜台回单签约的一站式办理。该服务利用银行数据库、政府数据库、商业数据库等合法、有效的信息平台，交叉验证企业身份信息，在筑建"精准防控""智能防控"严密防线的同时，将小微企业开户流程从需要往返营业网点3次以上，压缩为仅需"到店1次"，节约了70%以上的办理时间。

通过手机银行、微银行、企业网银等电子渠道，针对传统线下小微信贷业务流程进行优化，推出"自助签约""自助支用""自助续贷"等功能，累计办理在线签约各类文本近12万份、惠及1.7万余户小微客户。其中，"自助签约"由客户经理主动为客户制作电子签约文本，实现在线签署贷款申请、贷款合同、抵押登记合同等资料；"自助支用"可在线自助办理贷款支用，系统自动审批，快速到账；"自助续贷"则可在线上渠道办理无还本续贷，不需要筹集资金归还贷款本金，由系统自动审批快速办理贷款续贷。这些功能简化了贷款流程，提高了服务效率，使小微客户可以更加便捷地享受贷款服务。

---

[1] 重庆农村商业银行. 重庆农村商业银行股份有限公司2022年年度报告（A股）[EB/OL]. (2023-03-31) [2023-06-23]. https://www.cqrcb.com/cqrcb/investorRelations/report/annualreport/index.html.

(3) 构建数字闭环，提升风控能力

首先，打造信贷欺诈风险防控体系。通过数据采集和埋点，收集用户侧信息，并通过行为分析形成规则来限定准入门槛，以防止风险事件的发生；同时，准实时的短信监控检测风险事件的出现，并采取相应的风险处置措施；事后则分析回馈，提炼用户侧、设备侧、业务侧等各种风险特征，并作为案件线索提供给人工进行排查，最后将风险防控反哺到事前和事中的环节。

其次，构建数字化信贷决策体系。建设智能决策平台，针对不同小微信贷产品定制风控策略，综合运用行内外数据资源，广泛接入征信、司法、工商等外部数据源。同时，积极践行数据安全规范，在行内部署多方安全学习平台，采用多方学习等技术与运营商等外部机构建立合作关系，引入隐私计算数据，主动分析、识别民营、小微企业各项维度信息，为不同类型小微客户提供有针对性的信贷服务。

最后，推动业务贷后管理数字化。解决传统贷后"任务重、成本高、效果差、流于形式"的问题。建设大数据贷后管理预警系统，应用于全部数字化小微信贷产品及部分线下小微信贷产品，实现多维度数据源核心风险监测和自动化预警，并能够快速引导客户经理及时跟进风险处置，提高贷后检查的针对性。截至2022年底，大数据贷后预警系统覆盖信贷资产2280亿元，发现风险信号15.3万个；搭建数字化产品风险监控平台，上线产品运营分析、产品穿透式考核、业务关键指标每日追踪以及各种维度、周期的风险监控报表，形成专业化的数据分析和智能监控体系，实现对小微信贷产品运营及风险数据有效监控，全面便捷地掌握业务发展情况，赋能业务决策；采用区块链技术保存小微业务全链条电子证据。

(4) 创设小微数字信贷产品

一方面，重庆农商行创设了通用性小微信贷产品，包括"税快贷"、"房快贷"和"票快贴"。"税快贷"以企业的纳税情况作为主要参考依据，结合外部大数据组成的风控模型，为小微企业提供纯信用贷款服务，支持企业短期生产经营周转。"房快贷"为小微企业提供线上线下结合的抵押贷款服务，实现了个人经营性贷款的便捷操作，包括一键申请、远程评估、自动审批、线上抵押、随借随还等环节。"票快贴"则有效提升了小微企业票据贴现业务的办理效率和便捷程度，实现了票据贴现的网银办理、小票易贴、额度循环、即刻到账等功能。

另一方面，重庆农商行推出了多种特色化小微信贷产品，其中包括"线上创业担保贷"

和"渝快乡村贷"。"线上创业担保贷"将传统政策性贷款产品改造为线上贷款产品，结合线上数据和线下走访调查，形成完整画像，解决了广大个体经营户线上数据不完整的问题，为新市民、个体工商户自主创业提供更加高效便捷的贷款服务，实现了传统产品的线上化改造。"渝快乡村贷"则面向从事乡村振兴相关产业及服务的自然人，提供具有温度、力度和速度的线上化信贷服务，覆盖了各类农业主体，如农户、种养殖大户、家庭农场主、农村致富带头人等，满足了乡村客户生产经营中普惠、小额、分散、流动的资金诉求。

重庆农商行通过建构全方位小微数字金融服务体系，有效增加了民营、小微企业金融资源供给，把金融"活水"引向实体经济。2022年，重庆农商行全面完成"两增两控"目标，发放了全市80%的创业担保贷，普惠型小微企业贷款17.60万户，较年初增加2.36万户，贷款余额1130.38亿元，余额增速高于全行各项贷款增速14个百分点[1]。"自助签约""自助支用""自助续贷"等服务功能有效替代线下纸质流程，线上支用、续贷替代率分别达到92%、97%。

3. 案例创新

（1）贷款额度和还款方式的灵活性

重庆农商行根据企业的实际需求和经营状况，提供不同额度的贷款支持，并可随时调整贷款额度，以满足企业不断变化的需求。在还款方式上，提供了多种选择，包括按月、按季、按年等不同周期的还款方式，使企业可以更加方便地安排资金。

（2）丰富的金融工具

全方位小微数字化金融服务体系提供了包括支付结算、投资理财、风险管理等一系列金融工具。这些工具可以帮助企业有效管理资金，提高资金利用效率，同时降低企业运营风险。

4. 案例启示

第一，重视数字化技术应用。银行业应积极关注数字化技术的发展趋势，将技术与业务深度融合，以提升金融服务的质量和效率。

第二，强化数据分析能力。通过大数据技术对内外部数据进行有效分析，银行业可以更好地了解市场需求和业务风险，为制定科学决策提供重要支持。

---

[1] 重庆农村商业银行. 重庆农村商业银行股份有限公司2022年年度报告（A股）[EB/OL]. (2023-03-31) [2023-06-23]. https://www.cqrcb.com/cqrcb/investorRelations/report/annualreport/index.html.

第三，注重客户需求。银行业要以客户需求为导向，不断优化服务流程，提高客户满意度。同时，还要积极拓展新的服务领域，满足市场的多元化需求。

第四，强化风险控制。在服务小微企业的过程中，银行业要注重风险管理与控制，通过数字化风控手段有效防范信用风险和市场风险。

（三）国家金融监督管理总局重庆监管局[①]——建设推广数字化金融服务

1. 案例概况

党的二十大把"数字中国"作为全面贯彻新发展理念、服务新发展格局、建设中国式现代化的重要赋能手段。在党中央的号召下，各领域数字化认知大幅跃升、数字化改革加速推进、数字化成果不断涌现。国家金融监督管理总局重庆监管局紧跟重庆市学习贯彻党的二十大精神和学习贯彻习近平新时代中国特色社会主义思想主题教育活动实践的总体部署，在党和国家机构改革的宏观背景下，紧扣当前金融监管体制改革重要任务，努力发挥金融数字化改革在提升风险智治、支持高质量发展、服务即时感知和建立现代金融体系中的重要作用。

2. 案例内容

国家金融监督管理总局重庆监管局于2020年正式成立数字化改革工作领导小组，2021年起开始建设推广数字化金融服务场景，2022年以来该局紧跟重庆市数字化建设的规划和进展，主动融入和服务全市"整体智治"，紧扣数字重庆重大应用系统建设，构建"金融大脑"整体框架和基础功能组件，助力金融专题数据底座建设，打造"多跨协同"的数字金融应用场景，推动金融机构数字化改革和数据场景应用。

建成中西部首个"数据共享+业务协同"的金融综合服务网"金渝网"，打造形成集政银保于一体的线上业务协作平台。"金渝网"已接入辖内全部银行保险机构及网点，与电子政务、发展改革、乡村振兴等多个行政领域主管部门实现互联。跨省联通中西部第一家消费金融公司——四川锦程消费金融有限责任公司，川渝两地金融业务"一网通办"迈出坚实步伐。

建起"金融数据+政务数据"的金融专题数据库。整合内部金融数据和外部政务数据资源，形成"静态数据湖"与"动态数据网"相结合的主题数据库。内部金融数据实现辖内银行保险机构底层数据全量采集，颗粒度达到交易级、账户级。制定1.4

[①] 原重庆银保监局，2023年5月18日起更名为国家金融监督管理总局重庆监管局。

万条数据质量校验规则,金融监管数据失范率控制到千分之二以内。数据支持普惠、绿色、科创、现代产业体系等各类主体标签化后一键提取、一键输出,支持各类多跨协同场景搭建。外部政务数据与多个市级委办局开通数据授权查询使用。

建立"风险穿透+服务实体"的金融组件工具箱。建立数字化模型组件工厂,开发各类风险穿透模型集群,穿透房地产等重点产业、集团客户等重点企业、"三隐"贷款等重点风险、非法集资等重点领域的资金走向监测分析,增强穿透监管、持续监管能力。与各主管部门配合建立制造业、现代产业、科创企业、新型农村经营主体等全名单,运用流水、税务、社保等关键信息开发"首贷""续贷"等融资服务模型,应用大数据、隐私计算等技术,快速识别推送白名单,提升银保企对接和服务效率。

建设"跨多领域+跨多层级"的金融数字化场景。国家金融监督管理总局重庆监管局与市发展改革委联合打造"信易贷·渝惠融"平台,运用信用信息服务小微企业,获评全国中小企业融资综合信用服务示范平台,在国家发展改革委等多部委组织的现场观摩评比中获全国第二名。其与重庆市医保局联合打造的城市惠民保险"渝快保"在2023年参保总人数超620万人,在国内同类项目参保人数中排名前列[①]。

3. 案例创新

国家金融监督管理总局重庆监管局通过全面布局,系统地突破了银行保险业与政府公共数据互联互通的瓶颈,构建起一条金融信息共享"高速公路",进一步增强了银行业数字化转型中的监管核心能力和行业核心竞争力。

国家金融监督管理总局重庆监管局加强监管引领,推动辖内银行业金融机构充分认识数字化转型的重要意义和深远影响,围绕国家重大战略部署,把握数字经济发展趋势规律,从顶层设计、战略规划、组织架构等方面积极开展数字化转型。

4. 案例启示

系统性思维。国家金融监督管理总局重庆监管局的数字化改革不是简单的技术升级或流程优化,而是从全局角度出发,统筹考虑监管、业务、组织和技术等多个方面,形成系统性的数字化转型方案。这种系统性思维有助于实现数字化转型的全面成功。

创新引领。国家金融监督管理总局重庆监管局在数字化转型过程中注重创新引领,

---

① 新华网. 落实国家战略 中国人寿十年普惠金融实践蝶变创新[EB/OL]. (2023-10-17) [2023-06-23]. http://finance.people.com.cn/n1/2023/1017/c1004-40097222.html.

通过建设"金渝网"、优化组织架构、引入数字化转型考评体系等举措，不断激发辖内银行业金融机构的创新活力，推动数字化转型不断深入。

以用户为中心。国家金融监督管理总局重庆监管局在数字化转型过程中注重以用户为中心，打造泛在可及、智慧便捷、公平普惠的数字化服务体系，让百姓少"跑腿"、数据多"跑路"。这种以用户为中心的服务理念有助于提升金融服务的质量和效率。

五、成都：强化政策引领，全方位拓展数字金融应用场景

成都市是中国西部地区的重要经济中心之一。根据2021年的数据，成都市的地区生产总值为1.99万亿元，全国排名第七[①]。在西南"三省一市"的核心城市中，成都市的经济实力位列第二，仅次于重庆。成都市是特大城市，是成渝地区双城经济圈核心城市，它同时也是国务院确定的国家重要高新技术产业基地、商贸物流中心和综合交通枢纽，是西部地区重要的中心城市。

城市经济的高速发展，需要有完善的经济政策和强大的金融发展水平做支撑，在近年来经济与金融数字化转型的浪潮中，成都市取得了十分亮眼的成绩。成都市政府高度重视数字金融的发展，出台了一系列支持政策和措施，为数字金融企业的创新和发展提供了良好的环境和条件。根据《中国城市数字经济指数蓝皮书（2021）》，成都市数字经济指数排名全国第四。成都市作为西部地区重要的金融中心和科技中心，积极发挥自身的创新优势、产业优势、金融优势、人才优势、基础设施优势，加快推动金融科技的创新发展，为辖内金融业高质量发展注入了强大动力。2021年发布的第29期全球金融中心指数（GFCI 29）显示，成都市金融综合竞争力列全球第35位，较2017年首次入榜提升44位，排名创历史新高；金融科技专项排名第25位，高于综合排名10位，在内地城市中仅次于上海市、北京市、深圳市和广州市。2020年末，成都市新经济企业注册数45.8万户，累计培育"双百企业"224家，新经济梯度企业1318家[②]。与数字经济和金融相关的规模以上互联网和相关服务、软件和信息技术服

[①] 四川政务服务网. 2022年政府工作报告解读 [EB/OL]. (2022-01-24) [2023-06-23]. https://cds.sczwfw.gov.cn/art/2022/1/24/art_15395_169170.html?areaCode=510100000000.

[②] 成都市统计局. 2020年成都市国民经济和社会发展统计公报 [EB/OL]. (2021-03-27) [2023-06-23]. https://cdstats.chengdu.gov.cn/cdstjj/c154795/2021-03/27/content_b343c032654d46ce80100bede4f839ff.shtml.

务业营业收入分别增长 78.0%、37.3%。成都市从多角度共同发力，以政府政策支持为基础，从数字金融发展基础、发展水平和发展成效三个方面进行推进，全面提升了成都市的数字金融水平。

综上所述，将成都市作为案例部分重点分析城市的原因如下：第一，成都市政府高度重视数字金融的发展，出台了一系列支持政策和措施。这些政策和措施为数字金融企业的创新和发展提供了良好的环境和条件。通过对成都市政府的政策和措施进行分析，可以了解到在政府引导下数字金融企业的发展模式和路径。第二，成都具有较为完善的数字基础设施和信息化水平，这为数字金融的发展提供了有力的支撑。通过深入研究成都市的数字金融发展情况，可以总结出一些成功的经验和做法，为其他西部地区城市提供借鉴和参考。第三，成都市是西部地区经济发展的龙头之一，其数字金融的发展也代表着西部地区的较高水平，分析成都市的数字金融发展，有利于探索西部地区的数字金融发展路径，与重庆、贵阳、昆明和西安等省会城市形成优势互补。

（一）成都市数字金融发展实践

1. 政府政策引领，提升数字金融水平

成都市政府及各部门先后出台有关数字经济和数字金融的相关文件，这些政策文件无疑极大地推进了成都市数字金融的发展。如表3-5所示，我们可以看到成都市有关数字金融政策制定的三个事实：第一，与数字金融有关的文件规划数量逐渐增加。就目前能够搜集到的相关政策来看，2021—2023年几乎每年都有关文件支持，虽然不同的政策文件和规划有不同的发展方向和立足点，但相比2016—2020年，数字金融的发展受到的成都市政府及各部门的关注度在增多。这可能是得益于近年来相关数字化技术的进一步成熟，将其运用于金融行业的所带来的收益超过了可能带来的风险，因此逐渐受到了政府和公众的重视。第二，文件中的相关内容逐步明晰。从2016年的"推动金融业全面数字化转型"到2022年的"深化金融与科技融合发展，以技术突破支撑产业发展，以应用拓展激励技术创新，构建集技术研发、创新创业、应用场景于一体的金融科技创新生态闭环"，将金融业的数字化转型逐步明确到了与金融科技的融合发展，并进一步强调了技术创新和应用实践的重要性，这是在不断探索中得出的结论，这也进一步明晰了成都市数字金融的未来发展方向。第三，政策制定部门逐步精简。有关政策的制定部门从以往的联合制定到近期的单一部门制定，这说明对于数经济和数字金融的发展，从以往的权责不明到最近的权责统一，标志着成都市数字金融向系统性、连续性和规范性方向发展。

表3-5 成都市数字金融发展相关政策文件梳理

文件名称	发布部门	相关内容	发布时间
成都市金融业发展"十三五"规划	成都市人民政府、成都市金融工作局	推动城市全面数字化转型明确了全市"十三五"时期金融业发展思路目标及重点任务	2017年5月
关于进一步加快建设国家西部金融中心的若干意见	中共成都市委、成都市人民政府	突出发展科技金融，支持设立科技支行、科技小贷等科技金融专营机构，加强差异化信贷管理	2018年3月
成渝共建西部金融中心规划	中国人民银行、国家发展改革委、财政部、中国银行保险监督管理委员会、中国证券监督管理委员会、国家外汇管理局、重庆市人民政府、四川省人民政府联合制定	聚合资本、人才、科技、数据等要素促进成渝经济圈内的风险可控的金融业态发展	2021年12月
成都市"十四五"数字经济发展规划	成都市发展和改革委员会	加快推动金融机构向数字化、智能化、网络化转型，不断增加金融科技新场景供给能力	2022年4月
成都市"十四五"金融业发展规划	成都市地方金融监督管理局	深化金融与科技融合发展，以技术突破支撑产业发展，以应用拓展激励技术创新，构建集技术研发、创新创业、应用场景于一体的金融科技创新生态闭环，打造成都金融创新和高质量发展的动力引擎	2022年6月
四川省成都市普惠金融服务乡村振兴改革试验区实施方案	成都市人民政府办公厅	运用金融科技优化数字普惠金融服务。深入推进金融科技赋能乡村振兴示范工程建设，加强渠道整合、数据融合和开放合作，运用金融科技手段创新农村金融产品和服务模式，扩展应用场景和覆盖人群	2023年9月

资料来源：根据公开资料整理。

除了重点关注数字金融发展整体的政策制定，成都市也十分注重农村地区金融业的发展，并出台了相关的政策文件。具体而言，成都市在2023年9月推行了《四川省成都市普惠金融服务乡村振兴改革试验区实施方案》，立足"大都市农业农村现代化"的发展要求，以探索普惠金融支持高水平城乡融合发展为目标，通过创新体制机制，提高金融机构创新水平和服务能力，深化金融科技应用，加强政策协同，推动金融高质量服务乡村振兴，促进"大都市农业农村现代化"高水平城乡融合发展。这类政策将数字金融运用到农村地区，打通传统金融服务的痛点和难点，盘活了农村地区的金融资源，让更多的人享受到了金融服务，也进一步提升了成都市数字金融发展的整体水平。

2. 搭建数字平台，金融助力乡村振兴

除了政策上的大力支持，成都市也积极搭建数字金融服务平台，其中最具代表性的就是"农贷通·农村金融保险服务平台"。它是为深入贯彻落实省委十一届三次全会提出的"一干多支、五区协同"区域发展战略部署及全省乡村振兴大会精神，着力发挥西部金融中心供给功能优势，在成都市委、市政府的领导下建立的创新、开放、互联互通的"线上+线下"农村金融综合服务平台。通过"农贷通"平台，能够实现政策直达、信用汇集以及资金供需对接三大功能。目前，"农贷通"平台注册用户7.21万户，累计发布金融产品848个，通过平台累计发放贷款1.99万笔、311.11亿元，其中成都市对通过"农贷通"平台发放的36亿元贷款进行财政贴息3329万元[①]。同时，平台设计"线上+线下"工作机制，以政府支持托底、机构合作共建的模式，打造直达基层的村级金融服务站。

"农贷通"平台坚持政府主导、市场主体、以科技赋能为手段，以推进金融资源向农业农村优先配置为出发点，主动聚焦规划对接、改革联动、创新协调、服务共享、市场开放，为各市州开放合作搭台、产业转型赋能、创新改革聚势、生态建设聚力，促进产业体系协作、重大资源统筹、基础设施对接、公共服务资源共享，打造优势互补、合作共赢的区域金融发展共同体。具体而言，政府主导主要指的是通过人民银行再贷款再贴现政策，有效释放以银行为代表的金融机构资金活力；通过地方政府的涉

---

① 中国金融新闻网. 成都农村金融服务综合改革试点圆满收官［EB/OL］.（2021-08-12）［2023-06-23］. https://www.financialnews.com.cn/qy/dfjr/202108/t20210812_225841.html.

农支持政策与风险分担机制，有效解决金融机构深入农村时面临的风险不可控问题。市场主体指的是通过引导农村产权要素入场、挂牌交易，盘活农村要素市场；对涉农抵质押物收储和市场化处置的机制，解决农村市场化程度低、要素流动性差等问题。科技赋能指的是通过平台汇集市、县两级农业农村、工商、国土等部门的涉农数据，以及用户注册申贷时填报的实名信息与平台自身数据沉淀，共同构成农贷通信用信息数据库，解决信息不对称问题。

总体而言，"农贷通"是成都市搭建数字金融服务平台的实践之一，其运作的核心就是利用科技增强信息搜集和数据处理能力，解决农村信贷中的信息不对称问题，从而促进金融要素在农村地区的流通，减少金融资源的错配，降低农业经营风险。从"农贷通"目前的发展来看，其主要服务于成都地区，截至2023年10月5日，其在成都市发放的贷款笔数已经达到了47436笔，放贷金额达5647636万元[①]。如图3-2所示，"农贷通"有向周边城市发展的趋势，但其影响力却十分有限，例如，在资阳市仅发放贷款19笔，累积金额只有569万元。"农贷通"极大地推动了成都市的乡村振兴进程，提升了农村地区的金融活力，但若其想进一步扩大其影响力，就需要与更多的城市进行合作，在金融科技的助力下，实现更大范围内的数据共享和金融要素的流通。

3. 推广数字人民币，拥抱数字化生活

货币作为金融领域的重要角色，不仅是经济交换的媒介和价值储存工具，还是金融市场的基础和风险管理的工具。货币的存在和流通促进了经济的发展和贸易的繁荣，对于金融体系的稳定和可持续发展起到了至关重要的作用。数字人民币作为中国数字经济时代的"新基建"，将重构我国货币与支付体系。为推动区域内数字金融的快速发展，成都市十分重视扩展数字人民币的应用场景。自2019年12月启动数字人民币试点后，成都市立足本地特色，把握试点定位，全力打造重点应用场景，涵盖服务"三农"、乡村振兴、公共交通、政务缴费、智慧康养、社区生活等领域，通过数字人民币全面推动社会数字化，为数字金融发展筑牢数字化根基。

---

① 成都·农贷通.农贷通农村金融保险服务平台[EB/OL].（2023-10-05）[2023-10-05]. www.ndtcd.cn.

正在为新型农业经营主体及农户解决

金融资源匹配
根据用户提交的需求
智能化匹配各项金融工具
精准推送相关扶持政策

信息不对称
建立涉农信息大数据库
帮助涉农企业及个人增信
提高其金融服务可得性

政策申领绿色通道
一站式支农惠农政策申领

降低农业经营风险
依托农业保险健全多层次
农村产业生态圈保障

要素流通
激活农村要素市场
赋予价值属性

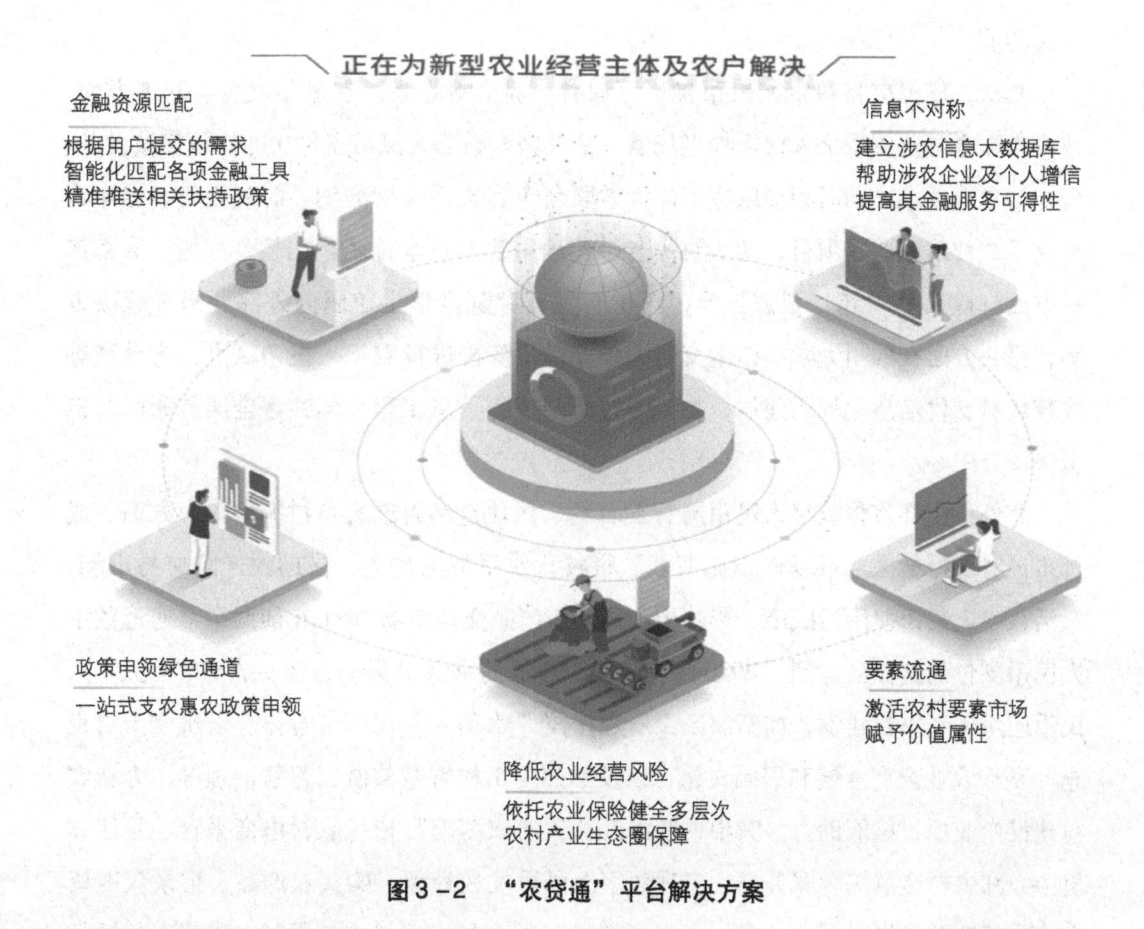

图3-2 "农贷通"平台解决方案

首先，成都市将数字人民币应用到多个生活场景。一方面，通过与社区连锁商超、餐饮酒店等合作，实现对成都市包括所有社区、村镇在内的数字人民币民生消费全域覆盖，构建数字化生活与服务场景。同时，聚焦公共服务热点环节，创新小额现金便民支付，打造全国首个公交、地铁绿色出行场景。仅2020年成都市累计完成公交、地铁公共交通场景消费终端改造近2万台，累计交易6.65万笔[①]。另一方面，通过与宽窄巷子、春熙路等知名商圈和热门景点合作，推广数字人民币收付，加强集中消费场景建设，打造数字人民币全景应用热点区域。同时，打造邮政网点应用场景，依托邮政传统业务实体网点服务，开通包括函件、寄递、邮品邮票等业务在内的数字人民币

---

① 封面新闻. 数字人民币试点，成都试了什么？[EB/OL]. (2021-03-17) [2023-05-09]. https://baijiahao.baidu.com/s?id=1694485343514041038&wfr=spider&for=pc.

支付功能。

其次，成都市将数字人民币推广至教育、养老等场景。在老年教育、养老方面，成都市在全国首创数字人民币养老场景，依托嵌入数字人民币支付功能的可穿戴设备、硬卡钱包等技术，同时积极跟进老年大学联名卡和数币学费缴纳、时间银行、老年人补贴系统数币改造等项目，切实解决老年人运用智能技术难题。在教育方面，成都市一方面打造数字"芯"智慧校园，提供初等教育阶段学生校园内外综合服务解决方案，另一方面在四川大学、西南交通大学等多所院校进行数字人民币试点，推动高等院校智慧支付信息化校园建设，如工商银行与成都信息工程大学共建全国首家区块链金融研究中心。

此外，成都市将数字人民币与智能合约、区块链结合助力乡村振兴。一方面，成都市针对农村地区金融基础设施薄弱、科技化水平低的痛点，借助农产品交易市场，激活数字人民币使用活跃度，彭州雨润国际农产品交易市场2021年前两个月通过数字人民币支付的金额已达到了2020年全年支付金额的40%。另一方面，成都市将数字人民币应用于新农村建设，如新津区天府农博园"水稻+"田园综合体、崇州"天府良仓"稻作农业全产业链和田园文旅，以及彭州宝山村智慧旅游、智慧治理等，为新农村建设产业项目赋能助力。其中，新津区"天府农博园"依托农村电商平台、社区邻里中心和农村金融综合服务站，实现数字人民币发放社保、购买农产品、记录政府资金收支等功能，形成了"全县+全员+全景"的乡村应用模式。同时，成都市积极打造"融e购+数字人民币+溯源+智能合约+区块链"的点对点农产品订购模式，根据客户需求及农户产能撮合交易，实现以需定产、稳收增收，实现助农惠农。

最后，在成都大运会上，数字人民币也扮演了重要角色。大运会数字人民币惠民行动，围绕大运会综合服务区域建设"三·六·五"数字人民币应用场景：一是围绕大运村、赛事场馆、主媒体中心三个区域搭建"三大核心场景"；二是围绕大运会的管理、住宿、餐饮、医疗、购物、出行六个区域搭建"六大应用场景"；三是围绕天府国际金融中心、成都大学、东安湖体育中心、总部酒店、大运星餐饮样板餐厅五个区域搭建"五大体验场景"。成都大运会"三·六·五"数字人民币场景主要有三个亮点：一是覆盖人群广，国内民众和短期来华的境外居民均可享受到数字人民币支付的安全便利；二是应用场景广，涵盖政务、住宿、餐饮、医疗、购物、出行等众多领域；三是创新产品广，推出种类丰富、形态多样的数字人民币软硬件钱包，推出碰一碰支付、双离线支付等多样化的支付模式。成都大运会是首次在中国西部地区举行的世界级运动会,也是成都第一次举办的世界级综合性运动会。大运会数字人民币惠民行动不仅在宣传普及数字人民币、测试数字人民币应用场景稳定性方面很好地扮演了"开路先锋"的角色,还将加快成都构建支付便利、服务优质、安全高效的数字人民币支付服务环境,大大推动了成都建设数字人民币应用标杆城市的进程。

(二)成都市数字金融发展的特点分析

通过上述对成都市数字金融发展实践进行的分析,可以将成都市数字金融发展特点概括为:政策引领,普惠先行,重视应用,拓展广泛。"政策引领"指的是成都市政府积极出台政策引导数字金融发展,为金融科技企业提供财政支持和税收优惠政策,鼓励创新发展。这些政策的出台为数字金融行业提供了良好的发展环境。"普惠先行"是指成都市数字金融发展注重普惠金融理念,通过数字金融技术,提供更便捷、高效的金融服务。成都市推动数字金融与传统金融的融合,打破传统金融服务的时空限制,让更多的人能够享受到金融服务的便利。例如,"农贷通"利用科技增强信息搜集和数据处理能力,解决农村信贷中的信息不对称问题,从而促进金融要素在农村地区的流通,减少金融资源的错配,降低农业经营风险。"重视应用"是指成都市数字金融发展注重将数字金融技术应用于各个领域,拓展金融服务的场景。政府积极推动数字金融与实体经济的深度融合,将数字金融技术应用于农业、教育、医疗等领域,提升传统行业的效率和竞争力。同时,成都市还积极探索数字货币和区块链技术的应用,推动金融行业的创新和发展。"拓展广泛"是指成都市数字金融发展不仅注重数字金融本身的发展,还积极借助各类文化、体育活动对数字金融的发展进行拓展。例如,通过大运会来拓宽数字人民币的使用场景,推动数字金融的国际化发展,提升自身在全球数字金融领域的影响力和竞争力。这些特点为成都市数字金融行业的发展提供了有力的支持和保障,也为成都市经济的转型升级和创新发展注入了新的动力。

(三)成都市数字金融发展启示

1. 强化政策支持,明确部门职责

政策支持是引领数字金融发展的重要保障。想发展一个地区的数字金融,政府应该出台相关政策,为其提供明确的发展方向。具体而言,可以从以下几个方面进行政策的制定。第一,制定数字金融发展规划。这样可以明确发展目标、重点领域和政策措施。规划可以包括数字金融基础设施建设、金融科技创新、金融监管等方面，为数字金融发展提供指导。第二，提供财政和税收优惠政策。政府可以通过财政和税收优惠政策，鼓励企业在数字金融领域进行投资和创新。例如，减免企业所得税、增值税等，提供研发资金扶持等，降低企业的经营成本，促进数字金融行业的发展。第三，加强金融监管和风险防控。政府应加强对数字金融行业的监管，制定相关法规和规章，保障市场的公平竞争和金融安全，并建立健全的风险防控体系，加强对数字金融机构的监管，防范金融风险的发生。同时，各部门应明确自身在数字金融发展中的职责。金融监管部门应加强对数字金融机构的监管，确保市场的稳定和风险防控；科技部门可以支持数字金融科技创新，提供技术支持和研发资金；教育部门可以加强数字金融领域的人才培养，培养具备相关专业知识和技能的人才；财政部门可以提供财政和税收优惠政策，鼓励企业在数字金融领域投资和创新。

2. 支持普惠发展，拓宽应用场景

数字金融的产生有利于解决传统金融的难点和痛点，鉴于此，数字金融服务对象的范围应该更加广泛，不仅仅是少数人群。要加强推动数字金融在农村、小微企业等领域的应用，拓宽数字金融的普及程度和应用场景。可以从以下两个方面进行入手。第一，加强金融教育和培训。可以加大对农村和小微企业的金融教育和培训力度，提高其对数字金融的认知和运用能力。通过培训，帮助其理解数字金融的好处和风险，提高金融管理和风险防控的能力。第二，搭建数字金融平台和网络。可以搭建类似于成都市推出的"农贷通"平台，为农村和小微企业提供便捷的金融服务。通过数字化的方式，将金融机构和用户连接起来，实现线上线下的互动和交易，并且拓展应用场景，广泛涉及居民生活的各方面。

3. 推动科技创新，提升服务水平

数字金融需要不断创新，应用新的科技手段和技术，提高服务水平和用户体验。要加大对数字金融科技研发的投入，支持企业和创业者开展前沿科技的研究和应用。鼓励创新技术的发展，如人工智能、区块链、大数据等，以提高数字金融的智能化、安全性和效率。此外，我们还要重视对数字金融创新企业的孵化和培育。设立创新创业基地，提供场地、资金和技术支持，帮助创新企业快速成长。只有加强科技创新，数字金融才能更好地适应社会的发展，才能与传统金融相区别，体现出金融数字化的优势，提升金融服务水平。

4. 加强交流合作，注重国际发展

发展数字金融，还需要与国内外城市和机构进行广泛的交流与合作，积极参与国际数字金融标准的制定和推广，汲取国际先进经验，共同推动数字金融的发展。通过国际合作，我们可以拓宽数字金融的国际化发展空间，提升地区数字金融的国际竞争力。此外，可以借助国际文化、娱乐和体育活动宣传自身数字金融发展经验，提升自身数字金融发展的国际影响力，与其他国家和城市实现优势互补，推动数字金融的国际化发展，成都市通过大运会来拓展数字人民币的应用场景就是很好的范例。

六、贵阳：突出大数据性能，以数据引领城市数字金融发展

大数据为经济发展带来了巨大的潜力和机会，通过对供应链、生产流程和物流数据的整合分析，提升企业生产力并降低成本；大数据还可以帮助政府制定更科学的政策，推动经济发展，并提供更好的公共服务。作为众多知名企业的数据存储中心，贵阳依靠其坚实的经济、人才和数字基础，着重发展大数据产业，并倡导跨界融合，基于此，贵阳数字金融蓬勃发展。截至2022年底，贵州省信息技术、新能源、装备制造和旅游等领域在大数据赋能下得到了大力发展，以贵阳银行为首的传统金融机构数字化转型硕果累累，知名制造业企业抓住数字化热潮转型升级，以行业数字化转型为契机，践行普惠金融，以科技运用提升经营管理效能，发展成效显著。

2012—2022年的10年间，贵阳经济快速发展。综合来看，贵阳市的地区生产总值已经从2010年的1121.82亿元增长到2022年的4311.65亿元，接近5000亿元大关，比2021年增长2.0%，略低于遵义市的增速（3.1%）。在产业结构方面，贵阳市着力调整产业结构，以促进经济多元化。截至2022年，贵阳三次产业结构比4.1:35.3:60.5，"三二一"结构继续呈现，传统工业、现代服务业和高新技术产业发展迅速，成为经济增长的重要引擎。在工业发展方面，全市工业生产总值2015年全部实现翻番（以2010年为基础），在西部省会城市中，总量排位由期初的第八名提升到第六名，2022年总产值达到4921.17亿元，同比增长2%，全市35个工业行业中，16个行业增加值呈增长趋势。

为推动传统产业数字化转型，助力经济发展，贵阳市积极完善人才战略布局，成为全省人才资源最为聚集地区。在园区院校方面，贵阳积极兴办高质量教育院校，2022年全市各级各类学校共有2122所（民办学校819所）。为响应中央印发《中国教

育现代化2035》总体思路，贵阳市在教育院校方面走出多元化路线，在义务教育之外，设立工读学校（2所）、高中（公办50所，民办31所）和中等职业学校（公办37所，民办19所）、成人高等学校（2所）和普通高等学校（35所）、科研机构1所。在专利产出方面，贵阳市知识产权创造数量稳步提升，2022年全年授权专利13994件，其中发明专利2642件，实用新型专利9871件，外观设计专利1481件。有效发明专利10775件，其中制造业9156件，占全部有效发明专利的85.0%[1]。贵阳高新区已拥有知识产权服务机构35家，其中具备专利代理资质的机构4家，为贵阳高新区知识产权的发展提供了有力支撑[2]。在高等人才方面，研究生作为未来服务经济社会发展的后备军，是具备创新能力的高层次人才，2022年贵阳市研究生教育招生11936人，在校生32944人，毕业生6927人，毕业生人数较2021年增长5.42%。研究生人数的上升在提升贵阳市众多高校知名度的同时，还满足了社会对各类人才的需求，为贵阳创新水平注入新鲜活力。同时，贵阳积极推动人才引进和培养，为经济发展提供了稳定的人力资源支持。2021年，在贵阳举办的第九届贵州人才博览会前夕，贵州省发布了《致八方英才的邀请函》，诚邀八方英才跨山越海一路"黔行"。贵州省还将每年4月第四周的星期五确定为贵州"人才日"，以专属节日形式礼敬人才。2022年，贵阳贵安大力实施人才"引、育、用、留"四大工程，持续推进"筑人才·强省会"在黔高校毕业生就业创业行动，同时举办中国—东盟教育交流周，来自国内外教育工作者们汇聚一堂，一同制定教育合作新愿景。

贵阳依据其地域优势，从2013年开始布局大数据产业。在2013—2023年的10年间，贵阳抓住政策倾斜和时代发展契机，成功实现弯道超车，为大数据产业的喷井式发展奠定坚实基础。一是良好的自然环境。贵州全年气候稳定，森林覆盖率达到61.51%（2021年），夏季平均温度低于25℃。在"八山一水两分田"的贵阳没有沙尘天气，多山洞，地质结构稳定，远离地震带，少灾害，相比川西地区，贵阳能为大数据提供天然存储空间，建在山洞内的数据中心不仅能保证安全还能恒温储存，相比

---

[1] 贵阳市人民政府.2022年贵阳市国民经济和社会发展统计公报［EB/OL］.（2023-05-30）［2023-06-23］.https://www.guiyang.gov.cn/zwgk/zfxxgks/fdzdgknr/tjxx/tjgb/202306/t20230601_79992313.html.

[2] 中国高新网.贵阳高新区：深化知识产权强区建设 打造创新发展新高地［EB/OL］.（2023-05-09）［2023-06-23］.http://www.gov.cn/xinwen/2021-03/13/content_5592766.htm.

于其他建造数据存储室的地区更能节省建造成本和运营成本。此外，贵州省水煤资源丰富，水电价格低廉，作为补充的还有充足的煤电，而且煤炭质量优良，能充分保证数据存储基地的水电供应。二是适宜的政策倾斜。为促进贵州省大数据产业建设，带动周边经济发展，国家指定贵州为国家推动大数据产业的唯一战略性地区，并出台多项政策支持贵州数字战略布局。通过道路建设，贵阳成为西部交通枢纽之一，高速公路网络完善，在2015年实现县县通高速，为高科技企业在贵阳建设数据基地创造条件。2013年下半年，三大电信运营商已经全部和贵州省签约，分别投资20亿~70亿元不等，建设各自的国家级云计算项目。2022年的数据显示，贵阳工业化和信息化"两化"融合水平高于全国平均水平，全市规模以上工业企业"上云率"超过了85%，大数据与实体经济融合指数达到52[①]。全市高新技术企业总数突破1300家；新增国家级众创空间1个，省级众创空间5个，省级科技企业孵化器1个，市级众创空间9个，市级科技企业孵化器4个。如此种种，以贵阳为中心的贵州大部分地区具有良好的数字基础，吸引华为、阿里巴巴、腾讯等众多知名科技企业在贵阳建造数字工厂。

（一）贵阳市数字金融发展实践

1. 传统金融机构数字化转型

贵州有3家本土银行（贵阳银行、贵州银行和贵阳农村商业银行），注册地均在贵阳。就注册资本而言，贵阳银行达到36.56亿元，贵州银行达到32.18亿元。相比之下，贵阳市本土银行数字化转型的难度更大，但成功的数字化转型将带来更大的正面效应。

（1）贵阳银行

贵阳银行始终秉承"服务地方经济、服务小微企业、服务城乡居民"的宗旨，坚持打造特色化、本土化的中小微企业金融服务体系，在数字化转型方面做出突出贡献。

在资管产品业务领域，贵阳银行利用线上线下渠道，树品牌扩渠道，开展"正月9·29爽爽理财节""双11理财季""爽爽6·30"等专项理财活动，区域品牌效应凸显，实现了理财规模和新增签约客户"双增长"。在普惠金融业务领域，贵阳银行依托金融科技，持续优化"数谷e贷"系列普惠信贷产品，开发"质押e贷"产品，推

---

① 胡锐.2022年贵阳市《政府工作报告》[EB/OL].（2022-02-18）[2023-06-23]. https://new.qq.com/rain/a/20220218A03FE900.

出个人生产经营类纯信用互联网贷款产品"烟草e贷（烟商）"。

借助贵州建设国家大数据综合试验区优势，贵阳银行主动融入金融大数据发展大局，坚定不移推进大数据特色银行发展，依托"互联网+"、区块链、人工智能等新技术，进行流程再造和产品创新，有力支持了贵阳·贵安大数据产业发展集聚区、黔中大数据应用服务基地等大数据项目和企业。贵阳银行在2021年半年报中表示，把科技赋能作为新一轮战略规划的五项重点工作之一，将科技基因植入企业文化，围绕夯实信息科技基础服务能力，不断深化科技创新，推进业务与科技有机融合，充分发挥信息科技对业务产品开发、客户服务和渠道拓展的支撑作用，赋能业务高质量发展。

（2）贵州银行

"大象"转身，更需要风控体系的承托。为积极应对数字化转型，贵州银行先后成立数字化转型领导小组，制定《贵州银行2022—2025年数字化转型方案》。在前瞻性战略之下，贵州银行在数字化革新之路上的成果丰硕。

在对外业务上，贵州银行多个数字化普惠金融产品迅速落地，为大众及实体提供了源源不断的金融"活水"。在内部管理上，贵州银行自主研发网银APP，并在交付、安全生产、技术保障方面取得历史性突破。在贷款风险管理方面，贵州银行完成了小微贷后预警，通过开发逾600个征信变量，使得投产后小微贷后管理从依靠人工改变为依靠系统预警策略和模型分析决策，提升贷后检查的精准性，有效节约客户经理资源。

为解决农户贷款问题，贵州银行推出数字产品"兴农贷"，利用科技平台，实现了贷前调查数字化、资料审查智能化、风险评估系统化，将原本需要3~5天的办贷流程缩短至1小时，使村民在村口即可享受到现代金融的服务。值得一提的是，"兴农贷"产品从研发到落地仅耗时2个月，产品的快速研发投产，标志着贵州银行已进入数字化转型的"快车道"。据统计，2022年贵州银行数字产品研发成果丰硕，除了"兴农贷"之外，该行完成了"新E贷""一码贷"等线上产品投产，为各类业务发展提供丰富的产品支撑[①]。

（3）华贵人寿

伴随"数字中国"建设步伐加快，我国的数字经济蓬勃兴起，作为保险业融入

---

① 张榕：科技赋能惠实体，贵州银行走出高质量数字化发展之路［J/OL］：时代财经，［2023-04-26］：https：//baijiahao.baidu.com/s？id=1764248575089996085&wfr=spider&for=pc.

"数字经济"的先导力量，互联网保险正在快速发展。华贵人寿作为诞生在贵阳的保险公司，自成立以来一直致力于成为产品和服务领先的互联网平台型保险公司，将资源集中于做好C端和B端的服务，持之以恒推进产品数字化。

数字化在强化业务能力、促进降本增效等方面释放出的效率红利日益凸显，而一直深耕互联网保险产品和服务的华贵人寿早已打造两大线上化服务平台，为数字化转型发展打下坚实基础。华贵人寿根据合作B端机构以及前台业务部门、中台运营和财务部门、后台信息技术和精算等部门实际工作情况，推出"鲲鹏云服务"项目，成为国内第一个面向合作渠道的服务平台，能够实现从市场调研、协议签署、系统对接、承保核保、业务查询、费用结算、宣传培训等全链条服务。自2020年10月首次推出以来，其已经为150多家保险中介公司开通了320多个用户。在《中国银行保险报》主办的"2022年保险业数字化运营案例"征集活动中，经过专家学者组成的专业评审会评审，"鲲鹏云服务"从200多个案例中脱颖而出，荣获数字化运营类优秀案例奖[1]。这是华贵人寿在数字化转型方面不断创新和提高的有力证明。此外，华贵人寿还于2021—2022年打造了"新链智续"线上化服务平台，该平台根据华贵人寿的业务模型打造多模式工作平台，从续收业务开始，实现计划制定、续收服务、渠道管理、服务质检、绩效追踪全过程管理，实现精准服务和精准管理。

2. 政府数字化治理

（1）设立大数据发展管理局

贵州省在2017年成立大数据发展管理局，成为我国最早设立专司机构管理数据资源的城市之一，涉及领域包含数据资源管理、大数据应用和产业发展、信息化等，贵州省信息中心（省电子政务中心、省大数据产业发展中心）也纳入大数据发展管理局管理范畴。贵阳大数据发展管理局通过设立门户网站，定期公告国家、省、市级政策和制度文件、统计数据、重点领域信息、编制数据年报等信息，同时设立公开意见箱，供广大群众提供参考和改进意见。截至2022年底，贵阳大数据发展管理局已与贵阳市人民政府门户网站建立联系，从中可查询市金融办、市林业局、市政务服务中心、市投资促进局等45个政务信息网站的咨询情况。

---

[1] 中国银行保险报："2022中国保险业数字化转型优秀案例"重磅发布！[EB/OL]. (2023 - 01 - 05) [2023 - 06 - 30]. http://www.cbimc.cn/content/2023 - 01/05/content_475013.html.

（2）发放消费券带动消费活力

据北京大学光华管理学院测算①，消费券通过刺激终端消费提升市场需求，进而刺激企业扩大再生产，企业用工稳定促使员工收入增加，将再次增加消费需求，如此良性循环机制，释放出的乘数效应为 3~5 倍，即 1 元钱的消费券补贴可带动 3~5 元的新增消费。贵阳市主要发放文旅消费券，2022 年 5 月底，贵州开启"多彩贵州·助商惠民"文旅消费券发放工作，文旅消费券发放核销率达 100%，直接使用消费券所产生的订单金额累计 6.8 亿元，带动率为 1:4.25。同程旅行发布的《2022 暑期旅行消费预测报告》显示，贵阳市进入 2022 年暑期热门目的地前 10 名。消费券发放有效激发了文旅消费潜力，助力文旅企业纾困，带动全省文旅市场消费。贵阳市为刺激市场购房需求，在 2022 年 11 月 1 日至 12 月 31 日发放购房契税消费券，使用该消费券的购房者能减免 30%~100% 契税。

3. 数字化企业云集

（1）知名企业数字化转型

永青仪电的"智能化"之路，是贵阳市大数据赋能智能制造的一个缩影。贵阳市利用大数据先发优势，推动制造业迈向中高端，为"制造"向"智造"转型奠定了坚实基础。

永青仪电是贵阳市的老字号国有企业，是一家以非道路机械电控系统、智能配电及工业自动化控制系统为主导产品，集产品研发、生产、销售、服务于一体的高新技术企业，先后申报控制系统相关专利 73 项，建有 4 个省级研发机构，相继获评国家级绿色工厂、国家级专精特新重点支持"小巨人"企业等荣誉，获批博士后科研工作站点。

永青仪电研发设计的非道路机械电气控制系统方案广泛应用于工程机械、农业机械、环卫车辆、特种装备等行业领域，处于行业领先水平；贵阳永青研发设计的智能配电及工业自动化控制产品广泛应用于楼宇控制、工矿企业、轨道交通、水文水利、冶金、化工、橡胶、电力、煤矿、医疗仪器、高等院校、科研所等领域，获得市场高度认可。

---

① 光华管理学院官网. 疫情下消费重启，数字消费券堪当重任——基于对杭州消费券的实证研究及政策建议［EB/OL］. (2020-04-27) ［2023-06-30］ https：//www.gsm.pku.edu.cn/info/1316/21766.htm.

近年来,永青仪电借势贵州数智化新基建风潮,持续推进数字化建设,围绕打造智慧工厂,持续推动数字化转型升级。在底层业务方面,引进了支持全公司销售、采购、生产、财务的企业资源计划(ERP)管理;在生产制造方面,制造执行系统(MES)负责生产部门、计划采购部、运营发展部、仓储物流部等环节的生产过程和品质追溯;在研发设计方面,产品生命周期管理系统(PLM)管理研发设计、工艺设计等技术过程;在库存管控方面,仓库管理系统(WMS)支持仓储部门管理整个公司的物料;在供应链管理方面,客商系统承担销售、采购、品质部门供应商管理、销售预测、下单、采购下单、客户管理、质量反馈维修等不仅如此,永青仪电投入了首条表面贴装技术(SMT)无铅生产线及配套的仪表自动化测试组装生产线,不仅成功打入了国际龙头企业配套供应链,还扩大了产品的出口份额。[①]

永青仪电通过实施智能制造数字化改造,建设"智能化新厂房",打造"数字化新车间",大大提升了工作效率,生产全流程管理和质量控制水平大幅提高。

(2)"云上贵州"蓬勃发展

2014年,云上贵州大数据产业发展有限公司成立。该公司服务于全省大数据战略行动和国家大数据(贵州)综合试验区建设。同时,该公司专注于数字政府服务领域,是"贵州政务云"系统平台承建方,是行业领先的数字政府应用系统解决方案供应商、国内最大的省级政务云服务商、全国知名的政务数据开发利用运营商。其核心产品"云上贵州",能将贵州省政府能够获取的所有信息上云,集中到这一平台,在对数据进行脱敏、脱密处理之后,最大程度开放给对数据进行处理的企业,并以人工智能的形式呈现出来。

云上贵州从政务数据治理出发,完成了数据共享、加工、开发利用及流通交易的全过程生命周期闭环,达成了一次又一次数据商用合作:通过免费为12306开发铁路订票系统,云上贵州促使阿里巴巴公司与贵州省政府签订《云计算和大数据战略合作框架协议》,后给予投资,参与建设云上贵州数据共享平台;在民生服务方面,云上贵州研发出"贵州健康码",为大数据更好地服务新冠疫情下贵州省的民生保障、经济发展、社会管理提供全面、精准的基础数据和技术支撑。基于平台线上工资代发校验、

---

① 澎湃新闻.贵阳永青破茧重生,华为云为工业企业锻造"数字筋骨[EB/OL].(2022-11-20)[2023-06-30]. https://m.thepaper.cn/baijiahao_20819852.

政府监管等相关数据，结合市场需求，按照开发利用模式开发了"助银发"产品，帮助银行按规定完成工资专用账户管理及农民工工资线上准确代发。截至2022年底，云上贵州平台已汇聚9323家参建企业、12041个工程项目、227万农民工电子档案等数据，累积帮助银行规范代发企业农民工工资336.17亿元，警示追溯欠薪55.82亿元①。

截至2022年底，云上贵州大数据产业发展有限公司已在贵阳大数据交易所上架130款产品，其中23款为政务数据产品。作为贵州省政务数据授权运营方，通过工商信息、缴费、红黑名单等数据开发利用，在公共资源交易、劳动用工、普惠金融等重点领域，开展政务数据授权运营，按照"一场景一授权""数据可用不可见"模式，通过深化开发场景应用，打造包括数据、算力、算法等在内的多元的数据产品体系，面向市场提供服务。

（二）贵阳市数字金融特色创新

1. 瞄准优势，领航数据存储中心先进性

贵阳多重举措并进，决定了其大数据产业发展的领航地位。贵阳首先立足自己在地理位置、气候环境和电力供给方面的先天优势，明确大数据这一特色且富有竞争力的发展方向。其次，坚持政府支持、大数据园区建设、高校科研所联合以及人才培养等后天努力，成为苹果、华为、腾讯等众多知名互联网科技企业以及我国三大电信运营商的数据存储中心。另外，贵阳为推进大数据产业持续发展，发展基建建设，在2015年实现县县通高速，之后还划拨1795平方千米设立贵阳贵安新区。目前，贵安新区已经成为全国集聚超大型数据中心最多的地区之一，培育了满帮、朗玛、白山云、易鲸捷等一批本土领型军大数据企业。

2. 持续完善，保证大数据产业链完整性

贵阳拥有完整的大数据产业链，保证大数据资产流通运用和价值创造。明确大数据发展方向后，贵阳通过鼓励支持企业开发大数据资产，保证大数据市场的"需求者"和"供给者"；之后，设立大数据交易所，为供需双方提供交易市场；紧接着联合中政企部门成立大数据发展管理局，定时进行信息披露；最后积极举办各类交流会，同全国乃至世界各地专家人士探讨数字发展。2015年2月，工信部批准贵阳贵安作为

---

① 人民网. 云上贵州公共数据开发利用团队：勇闯数据"蓝海"争当贵州数字经济发展探路者 [EB/OL]. (2023-06-05) [2023-06-30]. http://gz.people.com.cn/BIG5/n2/2023/0605/c372081-40444529.html.

大数据产业发展国家级集聚区。2个月后，大数据交易所成立。2015年5月，第一届大数据博览会召开，信息科技界大佬云集。7月，科技部批复贵阳作为大数据产业技术创新试验区。2016年3月，国家大数据（贵州）综合试验区正式揭牌，贵阳以惊人的速度达到大数据发展全链条。

3. 立足需求，提升金融数字产品实用性

大数据应用能为金融服务提供更准确、更全面的信息，通过数据间的联系发现内在模式和联系，更好地理解和预测未来。贵阳市内的银行和保险公司积极响应大数据优势，高度重视金融服务的数字化转型。贵阳银行、贵州银行和贵阳农村商业银行优化门户网站信息；贵阳银行和贵州银行还进行网银APP研发，创新性开发出"数谷e贷"、"烟草e贷（烟商）"、"兴农贷"、"新E贷"和"一码贷"等多项满足个体工商户及中小微企业融资需求的金融产品；华贵人寿更是成为国内第一个面向合作渠道的服务平台，并推出"新链智续"模式，走在业务办理模式数字化转型的前列。

（三）贵阳市数字金融案例启发

1. 积极参与数字人民币发展布局

党的二十大报告强调，要加快发展数字经济，促进数字经济和实体经济深度融合。数字人民币通过分布式记账技术简化当前结算系统的流程，提高支付结算效率，使中央银行更好地发挥"银行的银行"的作用，且通过降低央行成本，进而减少税收扭曲和货币交易成本，提高经济产出。目前，成都、重庆、西安作为西部重要城市已成为数字人民币试点，四川省全省也被纳入试点地区，同样作为省会的贵阳也应当积极加入试点城市申报。

2. 加强传统金融机构数字金融创新

金融创新是金融业发展的关键，在数字化浪潮中，金融数字化成为必然之举。以贵阳银行为首的银行、保险和证券机构近年来纷纷进行数字化转型，极大地扩展了金融机构的发展模式，丰富了金融产品和金融服务种类，有效满足了金融消费者的个性化和多样化需求。未来，金融机构应当继续丰富数字金融产品、提高技术水平，同时加强风险防控，推动传统金融机构数字金融平稳发展。

3. 推进大数据应用场景多元化

贵阳目前拥有较为完整的大数据产业模式，应当充分利用现有优势，倡导跨界融合，推进大数据应用场景多元化。从数据存储中心出发，突出智算能力，做大贵安数据中心集群，推动数据"存起来"；从改革、发展、民生的维度，加快政用、民用、商用数字场景融合，逐渐深入衣食住行的日常生活中，让数据"跑起来"；不断推动企业开展数字化、智能化转型，推进数字经济与实体经济深度融合，推动数据"用起来"。

七、昆明：坚持三位一体，打造面向南亚、东南亚的金融发展核心支点

作为云南省面向南亚、东南亚辐射中心的核心区、"一带一路"倡议和长江经济带战略的重要支点、带动滇中城市经济圈一体化发展的"中央处理器"，昆明发挥西南门户核心地位，以自由贸易试验区建设为抓手，以跨境人民币业务创新带动境内外金融资源聚集和本地金融机构国际化发展。同时，积极顺应数字金融发展浪潮，抢抓金融数字化转型机遇，推进数字金融改革不断落地，深化数字金融领域国际交流合作，打造面向南亚、东南亚的金融发展核心支点，"数字昆明"成为面向南亚、东南亚辐射中心的重要支撑。

在区域性国际金融服务中心建设方面，昆明致力于打造区域特色金融发展、区域要素交易服务、区域财富管理配置、区域金融人才培训、区域金融开放发展"五大高地"。2023年9月23日，昆明市人民政府办公室印发《昆明市产业强市三年行动（2023—2025年）》（以下简称《三年行动》）。《三年行动》明确，昆明将实施五大行动，包括旅游兴市行动、金融活市行动等，推动产业强昆，建设面向南亚、东南亚要素交易中心，把昆明打造成世界知名旅游目的地和区域性国际金融服务中心。

在数字金融发展方面，昆明始终坚持"场景—数据—技术"三位一体的数字金融发展金钥匙，以深化金融数据要素应用为基础，以支撑金融供给侧结构性改革为目标，不断推进金融机构的数字化转型以及金融科技的发展运用，极大地拓展了金融机构的服务范围和服务能力，激活数字化经营新动能，提升金融服务的效率，为全省乃至全国金融数字化转型工作提供可借鉴、可参考的"昆明经验"。

（一）昆明市数字金融内容

1. 金融机构加速数字化转型

金融数字化转型是金融发展的大势所趋。数字金融主要面向消费端客户，提供线上化、场景化的移动支付，个人信贷、理财等服务。昆明市多家银行积极融入"数字昆明"建设，通过主动变革、科技引领，将数字思维贯穿业务运营全链条，注重金融

创新的科技驱动和数据赋能，不断提升金融服务质效，推进数字金融高质量发展。

招商银行昆明分行在数字金融领域取得了显著成果。在第6届中国—南亚博览会暨第26届中国昆明进出口商品交易会上，招商银行昆明分行展示了在跨境金融、交易银行、金融科技及零售金融业务等方面的特色化、差异化成果。在跨境金融方面，招商银行昆明分行的"跨境金融E招通"服务体系针对跨境企业多样化的需求，推出了"跨境E招汇、跨境E招兑、跨境E招融、跨境E招赢"四大子品牌，以满足企业在跨境结算、汇率避险、贸易融资、跨境资本市场全生命周期、全场景的需求，助力企业跨境业务发展。除此之外，"财资管理云"是招商银行推出以金融科技为依托，根据企业不同发展阶段、不同角色诉求，为企业提供集团视角下的一体化、可视化的财资管理解决方案，能够有效满足企业"统一看、统一管、统一调、统一联"的需求。同时，招商银行展出了薪福通、发票云、电子合同、销售云等线上应用场景。招商银行围绕企业前中后销售链路，实现全渠道收款融合，提升对账效率，多账户统一管理，实现资金增值，提供企业收款全流程全周期诉求的一体化可组装解决方案，协助企业在数字化转型过程中一次接入即可达到高效展销、拓客出单，多维渠道收银催缴，自动智能对账，助力企业降本增效。

光大银行昆明分行也为当地制造业核心企业量身打造了数字供应链金融平台——砼信通。砼信通由云南建投绿色高性能混凝土股份有限公司、光大银行昆明分行、联易融数字科技集团有限公司联合打造，运用新一代互联网技术，基于联易融多级流转平台"讯易链"搭建。该平台能有效服务云建绿砼及其产业链上的中小微企业，畅通核心企业产业链循环。

兴业银行昆明分行落地辖内首笔资本项目数字便利化试点业务。资本项目数字便利化服务试点业务是金融机构落实金融数字化转型升级、提升资本项目便利化水平的重要举措。"兴业管家单证通"是兴业银行为企业客户打造的一站式跨境金融综合服务平台，提供包括国际结算、贸易融资、资金交易等在内的业务场景下的金融服务。

中国银行云南省分行聚焦科技赋能，搭建了"建设者平台"，与税务系统对接，为建筑工作者和农民工群体提供多渠道社保费用缴纳服务。依托大数据平台，推出"中银E贷"，让客户在线上体验便民贷款服务；上线云工作室为客户提供在线理财服务；开发"云食堂""团餐缴费""智慧校园缴费"等应用场景，丰富校园线上支付手段；服务区块链应用，助力住宅专项维修资金电子票据系统上线。

富滇银行作为云南省属重点国有金融企业，牢固树立"服务城乡居民、服务中小企业、服务地方经济"的服务定位，以打造本土优秀数字化银行为目标，一手抓数字化基础设施和底层能力建设，一手提升数字金融服务数字经济的支持力度，全面推动数字化赋能愿景渐成现实。基于全新的数字化信贷产品平台，富滇银行在一年内高密度研发并投放了12款数字信贷产品，充分满足了个人消费、小微企业的经营资金需求。通过"3分钟申请+1分钟审批放贷+0人工干预"实现信贷支持规模增长、服务效率提升和资产结构优化的三重目标，有力支持了云南省数字经济发展的融资保障。

2. 智慧金融破解中小微企业融资难

智慧金融服务让公众享受到了更为便捷的普惠金融服务，更成为昆明金融业以供给侧结构性改革为主线，向高质量发展转变的一个缩影。

昆明片区在西南首创"中小微企业金融画像风险评价系统"，提升银企能见度，打破以往贷款银企间"将不知兵""兵不识将"的信息鸿沟。以税务数据为先导，叠加工商、社保、电力、信用等实时数据为辅助，在分类分级、风险评估、优化整合基础上，对企业的历史交易情况、经营变化情况、产品竞争力、行业排名等进行大数据分析，形成企业交易信用评价金融画像，为机构提供更加全面、完整的参考信息。"线上申请、线下服务"的模式，为企业开辟了一条全新的融资途径。

通过推行大数据征信排查，破解企业贷款瓶颈。构建"双线"互动平台，推动贷款服务数字化。创建"金融超市"，激励融资产品推陈出新。在政银企三方融资服务平台上，邀请片区银行机构在金融超市"晒"产品、"晒"服务、"晒"价格，形成企业"下单"、银行"接单"的服务闭环。各行结合片区发展实际和自身业务特点上架金融产品，企业既可货比多家、照单点菜，又能个性定制、量体裁衣。银行可针对企业需求，提供"抢单"服务，追加提供优惠条件，实现政府监管下的银企双向互选，有效提升金融产品匹配度。

在融资服务中，昆明片区还设立了中小微企业满意评价指标体系，依据企业评价结果对融资服务进行"纱窗"式管理，既保持了各方信用数据有序共享，又对企业数据全程做到脱敏脱密、安全合法使用，对银行服务内容坚持透明化、可追溯原则，确保中小微企业安心经营、省心融资。

昆明片区"中小微企业金融画像风险评价系统"在西南地区尚属首家，在以往税金贷平台之外，为企业开辟了一条全新的融资途径。实现了从单一依赖财务"三张表"的主体信用评价机制转变为叠加公共数据为支撑的综合信用评价机制。截至2021年7月,"中小微企业金融画像系统"已助力片区12家企业累计获得融资5500万元。比如,云南家红齿科公司通过"画像系统"和金融超市,仅用15分钟就成功申请到平安银行200万元贷款授信。截至2022年5月,"中小微企业金融画像系统"已通过"银税互动"累计为中小微企业提供信用贷款10.95亿元。

3. 围绕"普惠+边贸",扎实做好数字人民币试点工作

2023年1月13日,昆明市被纳入数字人民币试点地区,正式开展数字人民币试点工作。截至2023年5月,数字人民币试点工作初显成效,数字人民币试点应用场景不断丰富。昆明试点地区围绕9类通用场景、5类特色场景、3类创新场景建设目标,稳妥推进场景建设。民众对数字人民币知悉度、熟悉度不断提高。中国人民银行昆明中心支行不断拓展数字人民币云南试点的深度与广度,推动试点工作再上新台阶,探索应用数字人民币智能合约等特色功能延伸数字人民币服务触角,推动昆明数字化建设进度。

在跨境金融方面,随着区域互联互通不断推进,边境贸易需求越发强烈,数字人民币为边境贸易发展提供新契机。基于数字人民币安全、便捷、低成本特点,创新边境贸易新结算方式,助力边境贸易便利化,赋能金融高水平对外开放,促进人民币在重点领域、重点地区的跨境使用。《昆明市"十四五"金融业发展规划》指出,要拓宽人民币跨境应用场景,促进人民币使用便利化。推动跨境人民币结算便利化,企业面向南亚、东南亚跨区域使用人民币,拓宽跨境人民币投融资通道;同时,深化自贸区金融开放试点,推动跨境人民币业务创新;复制应用国内自贸试验创新成果,探索建设沿边跨境人民币综合业务平台,争取自贸区金融更大程度创新试点。

2022年11月10日,中国农业银行昆明自贸区支行成功落地全国首笔越南盾市场采购贸易结算业务,成为自贸试验区昆明片区探索非主要货币结算的又一次有益尝试。依托首笔越南盾市场采购贸易结算成功案例,中国农业银行于2023年3月完成市场采购贸易场景下的数字人民币跨境支付业务测试,有效提高了外币流动效率。

4. 优化金融人才发展生态,打造区域金融人才培训高地

《昆明市"十四五"金融业发展规划》指出,要打造开放包容、多元和谐、接轨国际的生活工作环境,构建促进金融教育培训产业化发展的政策支持体系,集聚一批、链接一批国内外顶尖金融教育研究培训资源,推动昆明成为面向南亚、东南亚各类金融人才培训服务的首选地。一是健全金融教育培训体系,推动金融教育培训产业化发

展。健全金融教育培训机构体系、金融人才职业发展体系，优化金融教育培训产业规制。二是优化金融人才引进机制，推动地区金融人才队伍建设。引进高端金融人才，强化青年金融人才集聚，不断完善金融人才沟通交流合作机制。三是完善金融人才支持体系，构建国内一流人才生态环境。提升金融人才政策吸引力，支持金融人才创新创业，打造金融人才宜居环境。

《昆明市数字经济发展三年行动计划（2022—2024年）》指出，要用足用好"春城计划"系列人才政策，加大数字经济人才引进力度。加强数字经济发展重点领域人才需求调查，编制引才指导目录、建立人才数据库。实施高层次人才引进计划，对高层次人才实行人才梯队配套、科研条件配套、管理机制配套的特殊政策。推进项目和人才一体化引进，增强高水平项目、科研平台等对高端人才的吸引力。充分发挥好科研院所、高校、企事业单位、社会组织等平台作用，支持国内外知名高校、科研院所在昆明设立分院（所），加强数字化创新型、应用型、技能型人才培养。

5. 不断完善数字基础设施建设

数字金融发展离不开数字基础设施建设。云南省数字经济发展定位在"换道超越"，即在产业基础相对薄弱的情况下，以应用试验换产业，以市场换产业。考虑到云南作为全国数字应用及产业试验区的定位，昆明大力增加新基建投入，特别优先补齐数据基础设施短板。

深入实施"双千兆"工程。推动昆明千兆网络建设，到2024年，全市每万人拥有5G基站50个，城市家庭千兆光纤网络覆盖率达到90%以上[1]。

提升信息通信枢纽能力。加快建设昆明国家级互联网骨干直联点，疏导全省及相邻地区网间流量，提升全省互联网访问性能和大众互联网业务体验。

推动大数据中心优化升级。加快建设一批具有高技术、高算力、高能效、高安全特征的新型数据中心，重点推进云南（两亚）人工智能计算中心、西南智算中心等重点项目建设，打造高水平、多层次算力基础设施体系。

增强数字技术创新能力。推动市级科技创新项目、创新平台等扶持政策向数字经济关键技术领域倾斜，建立数字经济"揭榜挂帅"产学研协同攻关机制，促进人工智

---

[1] 昆明市人民政府. 昆明市数字经济发展三年行动计划（2022—2024年）[EB/OL]. (2022-12-30)[2023-06-23]. https://www.km.gov.cn/c/2022-12-30/4625492.shtml.

能、区块链、工业互联网等领域技术创新与科技成果转化。

推动数据开放共享与交易流通。完善全市信息资源体系总体架构、资源目录、标准规范和交换共享规则，推动形成"目录清晰、层次分明、标准统一、融合汇集"的信息资源体系。

（二）昆明市数字金融特色

一是面向南亚东南亚辐射中心区位优势。云南经济要发展，优势在区位，出路在开放。云南是中国连接世界的重要桥梁，更是中国西南开放的前沿窗口，区位优势突出，未来的发展潜力大、空间广、前景好[①]。作为中国面向东南亚、南亚开放的门户城市，昆明要发挥西南门户核心地位优势，以自由贸易试验区建设为抓手，以跨境人民币业务创新带动境内外金融资源聚集和本地金融机构国际化发展，深化金融领域国际交流合作，打造面向南亚、东南亚的金融发展核心支点。

二是后发优势。区块链、大数据、云计算、人工智能、物联网等新一代信息技术特性决定其应用和产业化发展，使昆明不再受物理空间和交通束缚限制，为昆明后发赶超提供了机遇。

（三）昆明市数字金融启发

1. 重视数字金融总体规划和基础设施建设

首先做好发展数字金融的总体规划和制度建设。加快区域性的数字金融制度建设，建立数字信任机制，制定区块链金融监管、数字资产市场监管、数字货币监管等数字金融制度。

加强数字金融基础设施布局，统筹推进网络基础设施、算力基础设施、应用基础设施等建设，大力推进数字金融基础设施体系化发展和规模化部署。积极应用区块链、多方安全计算、隐私计算等技术，打造地方金融信息基础设施，在保护数据隐私和安全的前提下，为金融机构提供安全便利的数据环境，推动政府数据、社会数据和金融数据的融合应用。

2. 加大金融科技发展支持力度

坚持创新驱动发展，抢抓金融科技发展机遇。加大投入吸引金融科技类企业集聚

---

① 樊海旭. 七彩云南融入一带一路实现跨越式发展——第二届"一带一路"国际合作高峰论坛云南省中外媒体吹风会在京召开[EB/OL]. (2019-04-24)[2023-06-23]. http://world.people.com.cn/n1/2019/0424/c1002-31048266-2.html.

发展，引导投资金融科技的优质股权投资落地。加强金融科技领军企业支持与培育，鼓励金融科技领军企业参与政企数据对接、金融风险识别、预警和处置等政企合作项目。加大金融科技人才培养和引进力度，鼓励与全球金融中心城市开展金融科技人才培养及交流合作。

3. 高质量推进金融数字化转型

提升数字金融惠民服务质效，着力打造全方位线上服务体系，特别是能让百姓"不出门、不见面、不跑腿"也能办理的金融业务，支撑金融服务不断、质量不降、保障更强。

激发产业数字金融市场活力，拓宽产业数字金融市场空间。金融机构可依据各地发展机遇与比较优势，打造绿色产业数字金融、跨境产业数字金融、科创产业数字金融、乡村产业数字金融等特色模式，实现差异化市场竞争。

4. 推动跨境数字金融稳步发展

加快推进数字金融一体化，整合数字金融技术和资源，共同推动数字金融产业发展。建立数字金融一体化智能平台，平台在资金供求之间、金融科技手段与金融服务需求之间链接资源，营造智能新生态，助力打造数字金融、智慧金融、数字服务、数据治理等核心竞争力，成为辐射东南亚的"新金融中心"。

第四章　西部地区数字金融发展政策建议

一、推动数字化发展，强化数字金融发展基础

第一，加强数字基础设施建设。数字基础设施是以数据创新为驱动、通信网络为基础、数据算力设施为核心的基础设施体系。数字基础设施主要涉及5G、数据中心、云计算、人工智能、物联网、区块链等新一代信息通信技术，以及基于此类技术形成的各类数字平台，服务人们工作、生活的方方面面。因此，首先要进一步扩大西部地区尤其是西北地区通信网络覆盖面积，提高5G网络覆盖广度。其次应结合本地区实际情况，同时充分发挥资源、能源优势，建设占地广、能耗大、技术含量高的大型数字技术设施，如大型数据中心、大型算力中心等。

第二，大力推动数字经济发展，加快社会数字化转型。首先，要积极推动数字产业化发展，以数字产业化为牵引，大力突破关键的数字核心技术，做大做强优势产业，培育壮大数字经济核心产业。以产业数字化为重点，构建现代产业体系，塑造数字经济新优势，打造具有国际竞争力的数字产业集群。其次，要积极推进产业数字化转型，利用现代数字信息技术、先进互联网和人工智能技术对传统产业进行全方位、全角度、全链条改造，使数字技术与实体经济各行各业深度融合发展。再次，应推动消费数字化转型。一方面，要加快数字消费供给升级，积极推动各类平台企业面向中小企业和初创企业开发各种数字应用，鼓励各类数字企业融通发展，积极面向数字用户提供各种创新解决方案。另一方面，要促进数字消费需求升级，创新数字消费新模式。要充分发挥互联网平台的作用，提供线上线下融合互动、交易方式灵活多样的消费环境。最后，要发展高效协同的数字政务，加快制度规则创新，完善与数字政务建设相适应的规章制度。同时强化数字化能力建设，促进信息系统网络互联互通、数据按需共享、业务高效协同。

第三，推动数字技术创新。西部地区应配合国家"数字中国"战略规划，加强数字领域关键核心技术攻关，加大集成电路、新型显示、关键软件等重点领域核心技术创新力度，提升基础软硬件、核心电子元器件、关键基础材料和智能制造装备的供给水平，强化原创技术供给，构建安全可控的技术体系。同时，根据本地区技术优势，选择性推动算力、模型、数据等关键要素创新突破。以数字技术与各领域融合应用为导向，优化创新成果快速转化机制，打造安全可靠、系统完备的产业发展生态，促进技术迭代升级。促进重点数字产业创新发展，加快补短板锻长板，提升产业链关键环节竞争力，培育壮大云计算、大数据、区块链、虚拟现实、工业软件等数字产业，支持平台企业在引领发展、创造就业、国际竞争中大显身手，高质量建设中国软件名城、名园，打造世界级数字经济产业集群。

二、加强数字金融人才储备，引领数字金融发展未来

第一，加强数字金融人才培育。针对当前西部地区数字金融发展现状，有针对性地培养数字金融人才的知识和能力体系。从政府来看，在政策、财政、基础教育等方面应加大相关数字金融人才培养力度，为人才成长提供更多、更好的机会和渠道，加强领军人才和创新团队的培养和建设，加快形成数字金融人才队伍"一号方阵"。从高校来看，应将与数字金融相关的技术知识融入课程体系，积极推进产学研融合创新，探索产教融合教育新模式，构建高职院校与用人单位高度协调、政府推动与社会支持相结合的数字金融人才职业培养体系。从企业来看，应引导金融企业优化综合性数字金融人才的开发机制和选拔培养体系，营造积极宽松的育人氛围。鼓励人才自我提升。

第二，推动数字金融人才引进。金融数字化转型的呈现出金融业务与数字技术共同驱动的特点，人工智能、区块链、云计算和大数据等是极具潜力的热点技术领域。因此，在引进数字金融人才时，首先，应侧重拥有较强的技术能力的人才。同时，要尊重人才流动规律，把握人才竞争新形势。加强源头引进，打破人才流动障碍。其次，开展国际合作双向模式，对标国际规则和市场规则，构建数字金融国际合作网络。最后，规范评价标准，开辟高端人才绿色通道。推出加强版高端人才引进计划，进一步探索建立人才服务保障体系，形成统一领导、多方参与的社会融合促进体系。

第三，完善数字金融人才扶持政策。首先，要鼓励落实领军人才梯队、科研条件、管理机制等扶持政策，在完善人才激励机制的基础上，建立信任型人才利用机制，探索构建充分体现知识、技术等创新要素价值的收益分配机制。其次，针对数字金融人才收入差距较大的情况，推动建立多层次社会保障体系，推进社会保险从制度全覆盖到人员全覆盖。最后，要推进金融人才市场数字化，提升人才服务能力，进一步完善金融人才市场数字化基础设施，确保远程通信和数据流通的顺畅与稳定，推动公共就业服务体系数字化、智能化升级，鼓励智能化就业服务平台建设，提高人才供需对接效率，构建人才长效发展机制。

第四，制订数字金融人才发展规划。要充分了解西部地区数字金融人才的现状和需求，从行业特点、人才功能、人才特点等角度去分析数字金融人才储备的优劣势。数字技术的快速发展加速了人才流动，城市的数字化转型和新经济形态的发展，为数字技术相关产业的发展带来新机遇，也为人才流动带来新的可能。大城市拥有基础设施、人才、技术等优势，吸引数字金融人才不断汇集，成为人才主要流入地。为此，西部地区各省市在人才政策制定过程中需要全面考虑影响因素，在人才战略框架下明确数字金融发展需要的人才方向，制订数字金融人才发展规划。

三、加强数字金融监管，防范化解数字金融风险

第一，要把握好数字金融与金融监管的关系。数字金融打破了传统的金融业态，推动技术创新、金融创新与数字创新的融合发展，但也可能引发监管真空、监管套利等问题。一方面，数据具有易复制、易篡改等特点，一些大型科技公司可能会利用平台效应和数据优势，突破行业、地域经营的限制，变相从事借贷、资管、征信、助贷等金融服务，在监管缺失的情况下容易引发系统性金融风险；另一方面，知识图谱、区块链等数字技术的运用也会丰富监管机构的监管手段，促进跨市场跨业态跨区域金融风险识别、预警和处置，使得金融监管更有效率和更加具有针对性，为经济增长提供稳定、可持续的金融监管环境。

第二，将数字金融全面纳入监管，坚持审慎监管。首先，要规范数字金融服务平台发展，加强反垄断和反不正当竞争，依法规范和引导资本健康发展。其次，要提升数字金融监管能力，建立健全风险监测、防范和处置机制，严肃查处非法处理公民信息等违法犯罪活动。积极发挥金融科技监管试点机制作用，提升智慧监管水平。加快

推进互联网法院和金融法院建设，为数字金融领域纠纷化解提供司法保障。最后，政府要发挥宏观审慎职能，坚持适度发展、质效并重的原则，防止新兴产业规模无限制扩张，以杜绝新的产能过剩隐患，相关监管部门要引导实体企业优化自身经营及财务管理模式，同时要针对技术发展和金融创新相应地创新监管方式、健全监管体系，强化金融创新过程中的风险防范。

第三，优化数字金融的监管体系，加强制度建设，遏制数字金融风险。首先，要进一步建立健全适应数字金融发展的市场准入制度和公平竞争监管制度，监管机构要针对数字金融建立全方位、多层次、立体化的监管体系，加快建立数字化监管规则库，实现监管规则形式化、数字化和程序化。其次，应加快出台数字金融平台健康发展的具体措施，推动相关企业在适度监管下实现资本有序发展，维护行业公平竞争，保护消费者合法权益。金融机构要充分运用数字技术赋能金融风险防控，主动采取数据挖掘、机器学习等现代科技手段优化风险防控指标与模型，防范和化解金融风险。最后，应依法将各类金融活动全部纳入监管，坚决取缔非法数字金融平台，严肃查处非法数字金融业务及产品，严厉打击以普惠金融名义开展的违法犯罪活动，切实维护金融市场秩序。健全非法金融活动监测预警体系，提高早防早治、精准处置能力。强化事前防范、事中监管、事后处置的全链条工作机制，加快形成防打结合、综合施策、齐抓共管、标本兼治的系统治理格局。

第四，建立健全数字金融风险预警响应机制。首先，加快各级金融机构和数字金融平台风险预警机制改革，坚持早识别、早预警、早发现、早处置，强化中小银行和中小数字金融平台风险监测。其次，严格限制和规范数字金融经营行为，压实机构及其股东主体责任，压实地方政府、金融监管、行业主管等各方责任。最后，构建高风险机构常态化风险处置机制，探索分级分类处置模式，有效发挥存款保险基金、金融稳定保障基金作用。

四、优化数字金融发展环境，鼓励科技赋能金融发展

第一，构建和完善数字金融的生态体系，促进经济高质量增长。政府层面，一是应加强顶层设计，进一步制订适合本地区实际情况的数字金融发展战略规划，明确数字金融发展的目标、路径、准入与退出机制。二是应在财政、税收、产业、数字等方面出台与数字金融高质量发展相适应的配套政策，强化政策的集成效应。金融机构层面，应将数字技术广泛应用到金融产品设计、信贷审批、风险管控等各个环节，通过产品创新和服务创新不断提升数字金融对企业研发、产业升级和实体经济高质量发展的适配性和精准性。同时，应加强与政府部门的合作，通过有关部门建立起对服务对象完整的企业信息收集、披露和信用评价体系，实现金融机构、政府部门和所服务企业之间信息的共享和有效传递。此外，金融机构应依托制造业核心企业，创新研发贷款、订单融资、保理融资、应收账款融资等组合方式，支持产业链上下游企业打造数字金融闭环生态。

第二，加快金融基础设施建设，促进数字金融平衡协调发展。要通过数字驱动和技术驱动缩小金融资源的区域分布差异。西部地区中经济欠发达的地区应着力提升智能金融网点的数量和规模，通过"互联网＋金融"提升金融服务的覆盖率，着重提升中小微企业、个体户和居民的资金可得性。同时，加大数字金融对基础设施建设的支持力度，发挥投资对稳增长的关键作用。经济相对发达的地区应着力提升数字金融的资金配置精准度，着重通过数字金融工具和产品创新提升金融服务于不同企业、不同人群的效率，避免出现大型企业"授信过度"和中小企业"授信不足"并存的局面。此外，要强化农村地区的数字金融体系建设，大力支持乡村振兴。做好"线上＋线下"业务，研发适当有效的产权抵押、使用权抵押、活物抵押等数字金融产品，助力提升农村地区的资本配置效率。

第三，应充分发挥科技赋能的作用，全面提升金融服务质效。首先，要推进传统金融机构革新。加强金融服务平台与数字科技融合，深挖金融服务需求。传统的商业银行应当积极推进数字化渠道建设，全力打造线上平台、营造数字技术应用场景，充分发挥科技赋能，用数字化、智能化手段持续丰富金融服务渠道。同时，将数字化纳入商业银行发展战略，综合利用各种新型数字技术，通过数字技术不断优化金融业务流程，创新金融业务内容，提升传统金融机构的金融服务效率，推进金融业务模式创新。其次，逐步完善科技金融政策体系。应科学地制定一系列科技金融扶持政策，健全科技创新投融资体系，根据金融科技企业生命周期不同阶段的资金需求，科学配置科技项目资金，用科技金融政策引导、科技金融市场化服务等支持手段，科学运用风险补偿、奖励补贴、投资引导等科技金融支持方式，全面支撑金融科技企业发展，提升金融科技企业的实力。最后，要进一步创新科技信贷服务模式。充分发挥科技信贷风险补偿功能，为金融科技企业增进信用、分散风险、降低成本。鼓励银行类金融机构和担保、保险、创投、融资租赁等类型金融机构开展合作，建立和完善科技金融信息共享和风险共担共控机制，推出更加契合科技创新创业特征的科技信贷创新产品，推动知识产权质押融资，提高金融科技企业融资可得性，引导其有效运用金融资金，加速科技成果产业化。

五、明确数字金融普惠性特征，推动发展数字普惠金融

对于西部地区而言，金融资源相对匮乏，普惠金融能够将不同地区、不同阶层的金融资源合理配置，使金融资源得到最优配置，在较低交易成本的基础上，为所有低收入群体提供精细化服务及适当的产品，使每个公民都享有获取相应金融服务的权利。因此，西部地区发展数字金融的重要一步就是推动数字普惠金融发展。

第一，创新优化数字金融产品服务。首先，应充分发挥数字金融助力小微经营主体可持续发展的重要作用，鼓励金融机构开发符合小微企业、个体工商户生产经营特点和发展需求的数字金融产品和服务，建立完善金融服务小微企业科技创新的数字化专业机制，加大对专精特新、战略性新兴产业小微企业的支持力度。优化制造业小微企业数字金融服务，加强对设备更新和技术改造的资金支持。强化对流通领域小微企业的数字金融支持。其次，应大力挖掘数字金融产品在民生领域的重要作用。应支持金融机构在依法合规、风险可控的前提下，丰富大学生助学、创业等数字金融产品。完善适老、友好的数字金融产品和服务，加强对养老服务、医疗卫生服务等线上产业和项目的金融支持。支持具有养老属性的储蓄、理财、保险、基金等数字金融产品发展。最后，拓展多元化数字金融产品，满足居民多元化资产管理需求。应丰富线上基金产品类型，满足居民日益增长的资产管理需求特别是权益投资需求。构建类别齐全、策略丰富、层次清晰的线上理财产品和服务体系，拓宽居民财产性收入渠道。建设公募基金账户份额信息统一查询平台，便利投资者集中查询基金投资信息。

第二，强化科技赋能，促进数字普惠金融发展。首先，要提升普惠金融科技水平，强化科技赋能普惠金融，支持金融机构深化运用互联网、大数据、人工智能、区块链等科技手段，优化普惠金融服务模式，改进授信审批和风险管理模型，提升小微企业、个体工商户、涉农主体等金融服务可得性和质量。推动互联网保险规范发展，增强线上承保理赔能力，通过数字化、智能化经营提升保险服务水平。稳妥有序探索区域性股权市场区块链建设试点，提升服务效能和安全管理水平。其次，要打造健康的数字

普惠金融生态。在确保数据安全的前提下,鼓励金融机构探索与小微企业、核心企业、物流仓储等供应链各方规范开展信息协同,提高供应链金融服务普惠金融重点群体效率。最后,应鼓励将数字政务、智慧政务与数字普惠金融有机结合,促进与日常生活密切相关的金融服务更加便利。

第三,推广数字普惠金融教育,加强数字金融消费者权益保护。首先,要提升社会公众金融素养和金融能力。健全金融知识普及多部门协作机制,广泛开展金融知识普及活动。同时,稳步建设数字普惠金融教育基地,推进将相关知识纳入国民教育体系。其次,要培养全生命周期财务管理理念,培育消费者、投资者选择适当金融产品的能力。组织面向农户、新市民、小微企业主、个体工商户、低收入人口、老年人、残疾人等重点群体的教育培训,提升数字金融产品使用能力,增强个人信息保护意识,培育契约精神和诚信意识,提倡正确评估和承担自身风险。最后,应健全数字金融消费者权益保护体系。督促金融机构加强数字金融产品消费者权益保护体制机制建设,强化消费者权益保护全流程管控,切实履行信息披露义务。畅通数字金融产品消费者投诉渠道,建立健全金融纠纷多元化解机制。组织金融机构对消费者开展权益保护评估和评价工作,加大监管披露和通报力度,推进数字金融消费者权益保护监管执法合作机制建设。

附　录

一、编制方法

西部地区数字金融城市竞争力指数遵循"以现有金融理论为指导""充分考虑指标全面性和数据可获得性""将大数据技术应用于金融服务体系""动态追踪和评价西部地区城市竞争力"四个编制原则。编制过程主要包括指标体系的确定、数据的收集和处理、权重的确定以及指数计算。

（一）数据收集

出于数据的可获得性，t 年的西部地区数字金融城市竞争力指数主要使用 $t-1$ 年的公开数据。统计年鉴的数据一般有 2 年时滞，所以在编制 t 年指数时，若部分 $t-1$ 年的数据仍未公开，则仍使用 $t-2$ 年的数据。

（二）数据标准化

由于各指标变量的量纲不同，需要对原始数据进行标准化处理，消去量纲，使得标准化后的指标变量都位于 [0,1] 区间内，方便后续指数的计算。具体的标准化公式如下：

$$s_i = \left(\frac{x_i - \min}{\max - \min} \right)$$

上式中 x_i 代表待标准化的变量数据，s_i 为标准化后的变量，min 代表该指标变量的最小值，max 代表该指标变量的最大值。

当指标数据存在极端值、离差较大时，简单的标准化方法可能使标准化后的数据分布在较窄的范围内，使得指标反映的信息模糊化，并且无形中增大了异常值的权重，不利于城市之间的客观比较。因此，针对离差较大（即最大值减去最小值大于 1000）

的变量，我们采用先取自然对数值，再用标准化的方法进行特殊处理。

（三）数据同趋化

西部地区数字金融城市竞争力指数定义为正项指标，指数数值越大，代表金融竞争力越大。因此，对于反向影响金融竞争力的变量，需要进行反向变化，公式计算结果为同趋化后的指标。通过同趋化处理后，同趋的标准化指标同样位于[0,1]区间内，且越接近于1，金融竞争力越强，越接近0，金融竞争力越弱。计算公式如下：

$$\tilde{s}_i = \begin{cases} s_i & \text{当 } i \text{ 为正向指标} \\ 1 - s_i & \text{当 } i \text{ 为反向指标} \end{cases}$$

在对指标进行标准化和同趋化后，就可以用同趋的标准化指标计算西部地区数字金融城市竞争力指数。计算公式如下：

$$F_j = \sum_i w_{ji} \cdot \tilde{s}_{ji}$$

（四）数据赋权

在构建"政府运用数字工具进行治理"这一指标时，采用虚拟变量0~1进行赋值，在对应的统计年份内，若该地区被选定为数字人民币试点，则将其记为1，否则记为0。对于"是否发放过电子消费券"和"是否出台过支持数字金融（经济）"两个指标同理。

确定各指标的权重是指数构建的重点。已有金融中心指数以及金融形势指数权重的确定方法有专家打分赋权法、层次分析法、主成分分析法、熵值法、支持向量机、向量自回归（VAR）脉冲效应法和结构向量自回归（SVAR）脉冲效应法等。综合考虑，在西部地区数字金融城市竞争力指数的构建过程中，我们采用专家打分赋权法。

专家打分赋权法又叫"德尔菲法"，是一种主观赋权方法。其基本原理是先邀请数名相关领域的专家，采取独立填表选取权数的形式收集专家意见，然后将他们各自选取的权数进行整理和统计分析，最后确定出各因素、各指标的权重。虽然专家赋权打分法在确定权重的过程中存在较为浓厚的主观色彩，其结果更容易受到所选专家的知识、经验和能力等的影响。但由于该方法能避免仅依靠数据离散程度来确定权重的缺陷，从现实意义出发，对不同指标的重要程度进行区分，且还具有操作过程简单、操作原理易懂的优点，故而报告选取专家打分赋权法计算各指标权重。

二、数据来源

数字化基础设施为数字金融蓬勃发展创造先决条件,而每个城市的发展水平参差不齐,导致各城市发展数字金融的起点有所差异。了解每一个城市发展数字金融的初始水平有利于根据具体情况取长补短。数字化基础设施建设指数关注各城市互联网宽带普及率、移动电话普及率和国家级科技企业孵化器数量,有利于全面衡量每一个城市的数字化基础设施建设情况。

	指数名称	数据来源
数字化基础设施建设指数	互联网宽带普及率	Choice数据库、政府国民经济和社会发展统计公报
	移动电话普及率	Choice数据库、政府国民经济和社会发展统计公报
	国家级科技企业孵化器数量	科技部火炬中心

金融业的发展要由市场发挥主导作用,但政府监管这只"看不见的手"依旧不可或缺。政府的数字化监管主要通过"数字工具"实现政府与非政府群体的联通,故而设立"政府移动新媒体信息发布量"和"年均在线访问政府网站数量"两个指标,从政府向非政府传递信息和非政府向政府获取信息两个渠道评价政府数字化服务能力。

	指数名称	数据来源
政府数字化服务能力指数	政府移动新媒体信息发布量	政府网站工作年度报表
	年均在线访问政府网站数量	政府网站工作年度报表

人才是驱动创新、引领发展的第一资源,数字金融的持续发展离不开相关人才的支持,数字金融复合型人才是保证数字金融持续蓬勃发展的基础。为此,设立数字化人才储能指数,并分别从"高等院校数量"和"教育支出占一般公共预算支出比重"两个方面,衡量数字金融发展的人才贡献力量。

	指数名称	数据来源
数字化人才储能指数	高等院校数量(个)	中国教育部
	教育支出占一般公共预算支出比重(%)	中国城市统计年鉴

金融业数字化离不开以传统金融机构为主的数字化发展。银行作为传统金融机构的主体，其数字化服务水平基本能代表传统金融机构的数字化服务水平，为准确衡量银行的数字化服务水平，指数从各银行的 APP 下载量、网站年访问量和年报数字化关键词数量出发，构建传统金融机构数字化服务指数。

	指数名称	数据来源
传统金融机构的数字化服务指数	APP 总下载量（次）	七麦数据①
	网站年访问量（次）	站长工具②
	年报数字化关键词数量（次）	各银行官网

数字金融的发展最终要落实在服务实体经济上，作为数字金融产物之一的金融科技企业，其发展状况是衡量数字金融发展水平的指标之一。为此，构建了金融科技企业服务水平指数，主要关注金融科技企业注册资本、平均招投标数量以及其服务于传统金融机构的比例三个方面。

	指数名称	数据来源
金融科技企业的服务水平指数	金融科技企业注册资本（万元）	爱企查官网
	金融科技企业的平均招投标数量（件）	爱企查官网
	金融科技企业服务传统金融机构比例（%）	爱企查官网

数字金融发展水平不仅体现在金融机构和企业两种主体上，政府治理的数字化发展也是不可或缺的一部分。该指标主要从政府运用数字工具方面出发，探讨政府治理数字化水平，因而选取数字人民币试点、发放电子消费券以及地方政府出台支持政策三个衡量指标，其中，数字人民币试点为中央政府运用数字工具的表现，而发放消费券和出台支持政策为地方政府运用数字工具的表现。

---

① 七麦数据是一个移动产品智能商业分析平台，支持查询 APP 榜单排名、竞品对比、下载/收入预估等多维度数据功能，覆盖全球 155 个国家/地区 App Store、Google Play 及国内九大主流安卓市场数据。官方网址为：https://www.qimai.cn/.

② 站长工具是一个查询网站排名和搜索引擎收录的网站，能统计每次用户访问百度或谷歌的次数。官方网址为：https://tool.chinaz.com/.

	指数名称	数据来源
政府运用数字工具进行治理指数	数字人民币试点	国家发展改革委、商务部、人民银行
	发放电子消费券	国家发展改革委、商务部、人民银行
	地方政府出台支持政策	地方政府官网

数字金融的出现催生了一系列带有互联网特征的企业，这些企业为经济发展作出巨大贡献，为正确评估数字金融发展的积极效应，我们通过统计数字经济核心产业企业数量和网络零售额，把握数字金融对经济发展的积极影响。

	指数名称	数据来源
数字经济发展指数	数字经济核心产业企业数量（个）	企查查
	网络零售额（亿元）	百度、微信公众号、各城市商务部门官网

数字金融同时会对经济发展带来负面影响，在大数据、区块链等技术的加持下，信息内容透明化、传播速度快速化。一方面，一些互联网企业可能借助互联网信息优势在法律边缘游走，同时这些互联网企业也有可能因为负面信息的快速传播而遭受巨大打击，另一方面，信息内容透明化、传播速度快速化也带动了互联网用户对于经济环境状况的关注。因此，我们通过收集银行、证券行政处罚总数和互联网企业经营异常比以及百度搜索指数——环境关注度来构建数字金融风险指数。

	指数名称	数据来源
数字金融风险指数	银行、证券行政处罚总数（件）	各级银行、证券监管机构官网
	互联网企业经营异常比（%）	企查查
	百度搜索指数——环境关注度（次/天）	马克数据网

数字金融是传统金融与金融科技的结合，利用数字技术推动传统金融服务数字化转型，有赖于传统金融发展水平，而金融发展水平又很大程度上取决于经济发展水平。因此，我们通过统计地区生产总值增长率、金融许可证持有量和金融机构贷款来构建传统金融发展指数。

	指数名称	数据来源
传统金融发展指数	地区生产总值增长率（%）	各地级市统计公报
	金融许可证持有量（件）	国家金融监督管理总局官网
	金融机构贷款（亿元）	马克数据网

三、指标权重

西部城市数字金融指数	数字金融发展基础 [0.4]	数字化基础设施建设 [0.4]	互联网宽带普及率（%）[1/3]
			移动电话普及率（%）[1/3]
			国家级科技企业的孵化器数量（个）[1/3]
		政府数字化服务能力 [0.3]	政府移动新媒体信息发布量（次）(2022)[1/2]
			年均在线访问政府网站数量（次）(2022)[1/2]
		数字化人才资源储能 [0.3]	高等院校数量（个）(2022)[1/2]
			教育支出占一般公共预算支出的比重（%）(2021)[1/2]
	数字金融发展水平 [0.3]	传统金融机构的数字化服务 [0.3]	APP总下载量（次）[1/3]
			网站年访问量（次）[1/3]
			年报数字化关键词数量（次）(2021)[1/3]
		金融科技企业的服务水平 [0.4]	金融科技企业注册资本（万元）[1/3]
			金融科技企业的平均招投标数量（件）[1/3]
			金融科技企业服务传统金融机构比例（%）[1/3]
		政府运用数字工具进行治理指数 [0.3]	数字人民币试点 [1/3]
			发放电子消费券 [1/3]
			地方政府出台了支持政策 [1/3]
	数字金融发展成效 [0.3]	数字经济发展指数 [0.5]	数字经济核心产业企业数量（个）[1/2]
			网络零售额（亿元）[1/2]
		数字金融风险指数 [0.1]	（银行、证券行政处罚）总（件）[1/3]
			互联网企业经营异常比（%）[1/3]
			百度搜索指数——环境关注度指数（次/天）[1/3]
		传统金融发展指数 [0.4]	地区生产总值增长率（%）[1/3]
			金融许可证持有量（件）[1/3]
			金融机构贷款（亿元）[1/3]